基金项目：

全国教育科学"十三五"规划 2020 年度教育部重点课题

（"双一流"建设背景下高校教师流动的价值取向及其调适研究）

（课题批准号：DIA200356）

RESEARCH ON
THE
FACULTY
MOBILITY
IN
LOCAL UNIVERSITIES

地方高校教师
流动问题研究

价值之维
THE DIMENSION OF VALUE ORIENTATION

戴建波 著

社会科学文献出版社
SOCIAL SCIENCES ACADEMIC PRESS (CHINA)

序　言

得知戴建波博士的学位论文即将付梓成书，我甚感欣慰。其博士学位论文《地方高校教师流动的价值取向研究》所论述的既是一个非常突出的现实问题，也是一个值得深入探讨的理论选题。一方面，高等教育系统中的教师流动由来已久，有其合理性和规律可循；另一方面这一问题也与我国地方高校发展面临的困境密切相关。地方高校是我国高等教育的重要组成部分，承担着为区域培养人才以及为区域经济发展服务的双重功能。在伴随和促进高等教育大众化及普及化和区域经济社会发展过程中，地方高校的优秀教师资源发生职业流动的频率明显提升，地方高校成为校际流动的主要输出地，加剧了地方高校与部（委）属高校人力资源的两极分化。

本书从流动的主体——地方高校教师着手，在对地方高校教师的流动现状进行考察的基础之上，分析地方高校教师流动的影响因素，从实践层面回答"为什么会流动"这一问题——个体、组织、外部环境导致；探寻其流动行为背后的价值取向，从认知层面回答"为什么要流动"这一问题——实现某种价值；从人本层面探索地方高校教师流动价值取向的逻辑；审视教师流动过程中的现实困境、价值困境及冲突，结合个体、组织、系统三方利益相关者，提出地方高校教师流动的价值原则，探索其价值取向的调适路径，为地方高校制定合理的教师流动政策提供价值指引。

戴建波在书中提出，地方高校教师流动是价值主体的一种选择，本质上是要实现某种价值。地方高校教师流动的动机与目的中隐含功利取向、文化认同取向和人际关系取向三种不同的价值取向。功利取向体现为个人利益与组织利益的价值冲突，短期物质利益与长期学术发展的错位；文化认同取向体现为组织外部文化适应、组织内部文化协调与教师认同的关系；人际关系取向则表现为人际关系的"推力""拉力"对教师流动的作用。流动本质上是行为主体基于不同需求的人的本性表露，人在追求自身理想性存在状态时，总是不断超越自己，追求自我解放，扬弃自我异化，寻求体现人的全面发展的"人本"逻辑。利益、组织认同、人情的价值冲突与融合是功利取向、文化认同取向、人际关系取向三种价值取向相互作用的表现方式。这三种价值取经常使个体、组织面临现实困境，不管是"流"还是"留"，都会使地方高校教师陷入利益、组织认同、人情困境。同时，由于价值主体在进行决策或行为时会考虑多重因素，必然存在多种价值取向，多种价值取向交锋也经常使价值主体陷入抉择困境，主要表现为利益、组织认同、人情三种不同价值选择的冲突与融合。凡此种种，体现了戴建波对地方高校教师流动的深切感悟和透彻分析，很有见地。

在市场经济日趋发达、资源流动十分快捷、信息技术高速发展的今天，地方高校教师流动及其价值取向既有自己的特殊性，也可能是社会中的一个系统性问题，甚至不仅仅是短期的突出问题，而可能是社会组织长期存在的利、理（义）、情协调兼顾的常态问题。从这个意义上讲，还有值得进一步挖掘的新内容和新成果。

新书《地方高校教师流动问题研究——价值之维》是戴建波在其博士学位论文的基础上反复修改而成的。作为他的论文指导老师，我见证了他在华科艰辛而又丰实的六年博士求学过程。他积极进取，勤学好问，严格自律，阅读了大量相关文献，曾在华科图书馆借阅量排名前十，顺利完成学业。他对学术研究有执着的追求，对教师发展术有专攻。毕业之后，他继续在相关领域展开研究，并获批多项省部级重点课题。学生在学术研究上取得成就，老师仅起指导作用，学生发挥主体作用更加重要。特此作序，权当鼓励，并示祝贺！

柯佑祥

2021 年 2 月 7 日于华中科技大学

摘　要

　　改革开放以来，市场经济的发展和繁荣促进了我国社会结构变革，也推动了社会人力资源管理模式的改革。计划经济体制下相对稳定、封闭的人事管理制度的缺陷日益明显，严重制约了人力资源的合理调配，进而造成人力资源的浪费。现代人力资源管理模式为社会劳动力流动提供了制度依据，人力资源的流动提高了社会人力资源配置效率。高等学校的教师和社会的其他行业一样，流动频繁。而地方高校是我国高等教育的重要组成部分，且成为校际流动的主要输出地。地方高校教师无序、不合理的流动进一步加剧了中央部委属高校与地方高校教师资源的非均衡性。地方高校呈现出"优汰劣胜"恶性循环趋势，优秀的师资引进困难与不合格教师分流困难并存，地方高校的教师队伍建设处在亚健康状态。而"双一流"建设过程实质上是优质资源重组的过程，地方高校被动卷入这个过程，势必对地方高校的教师资源配置产生一定的影响。地方高校教师为什么"会"流动，又为什么"要"流动，如何流动，流动的效果又如何，地方高校组织如何引导教师合理流动，这一系列问题构成了地方高校教师流动价值取向研究的主体。

　　本书从流动的主体——地方高校教师着手，在对地方高校教师的流动现状进行考察的基础之上，分析地方高校教师流动的影响因素，从实践层面回答"为什么'会'流动"这一问题——个体、组织、外部环境导致；探寻其流动行为背后的价值取向，从认知层面回答"为什么'要'流动"这一问题——实现某种价值；从人本层面探索地方高校教师流动价值取向的逻辑；审视教师流动过程中的现实困境、价值困境及冲突，结合个体、组织、系统三方利益相关主体，提出地方高校教师流动的价值原则，探索其价值取向的调适路径，为地方高校制定合理的教师流动政策提供价值指引。

　　本书以地方公立本科高校的教师为调查对象，通过研究发现，教师流动在地方高校是一个常见现象，但整体流动率相对偏低。从流向上看，地方高校教师流动的"流出"特征较"流入"更加明显，且带有一定的区域特征，中、西部地方高校以"流出"为主，东部地区的"流入率"略高于"流出率"。流动类型上，当前地方高校教师流动主要表现为校际流动和职业间流动两种类型，地方高校成为高等教育系统中校际（包括科研院所）流动的主要"输出地"，校际流动较职业间流动有明显优势。流动路径上，从不发达或欠发达的经济外围地区向发达的经济中心地区流动，从位于政治外围的地级市向位于政治中心的省会城市、直辖市流动，从处于学术外围的地方高校向处于学术中心的中央部委属高校流动。与中央部委属大学相比，地方高校教师流动体现出限于国内流动、学术性流动率偏低、流动频率不高等特征。

　　影响地方高校教师流动的主要因素包括个体、组织、外部环境因素。个体因素层面，经济利益、家庭情感、自我价值实现这三个维度对地方高校教师流动的影响均十分显著，且是多元、动态变化的。经济因素对青年教师流动的影响最为明显，随着年龄的增长，家庭情感因素、自我价值实现的影响日益显著；虽然薪资不高，但地方高校教师的职业认同度却相对较高；子女的教育机会与环境、赡养老人、配偶的工作地点对教师流动的影响显著，亲属强关系是家庭成员发生职业流动的重要影响因素；个人成长机会与自我价值实现也显著影响地方高校教师流动，但受限于客观条件，两极分化严重。组织因素层面，正式组织的物理、技术环境对教师流动产生显性影响，与部委属高校的教育、科研经费的差距，较差的工作条件和环境等，对地方高校教师流动产生直接影响；非正式的组织文化因素对教师流动产生潜性、根深蒂固的影响，相比较于适应性与目的性的外部适应力，参与性与一致性的内部整合对教师流动的影响更加显著；组织文化对教师和行政管理人员的影响存在典型差异，且对教师流动的影响显著于行政管理人员；教师更注重授权、团队、创新、发展，教师更忠诚于学科，行政管理人员更忠诚于组织。外部环境层面，人际关系失调经常成为地方高校教师发生流动的直接原因，教师与管理者之间的关系已然上升为学术权力与行政权力的较量与制衡；自然、政治、经济等客观外部环境对教师流动影响显著，政治中心、经济发达区域、自然条件优越区域成为主要流入地。

地方高校教师流动动机、目的中隐含三种价值取向：功利取向、文化认同取向、人际关系取向。功利取向表现为两个方面。一是个体与组织的利益对立形成的价值冲突；个体的流动经常是以组织利益的牺牲为代价的，地方高校组织在与教师的博弈过程中往往显得力不从心；二是个人短期物质利益与长期学术发展错位，地方高校教师往往为了眼前的物质利益，而放弃学术发展的机会。文化认同取向表现为组织内部文化协调与组织外部文化适应两方面。组织氛围正向影响组织绩效，提高教师的组织认同度；学术自由是大学发展的基本原则和最高价值取向，但地方高校的学术自由有时会被侵犯，学术秩序有时会被打乱；组织声望对教师的组织认同有重要影响，较高的组织声望能降低教师的相对剥夺感，增强教师的组织归属感；大学自治是组织外部文化适应力的重要体现，但在地方高校，大学自主权得不到有效保障和大学行政化严重问题并存。人际关系取向表现为人际关系的"推力"和"拉力"以及两种力的相互作用。在以"礼"为规范的熟人社会中，推力只存在于组织内部，发生在人际关系失调时，而拉力存在于组织内、外部，发生在人际关系恢复过程中，一般来说，这两种力是单独发生作用的，但在特殊情况下，因内部推力与外部拉力具有同向作用，可以同时发生作用。

地方高校教师流动的价值取向有其背后的人本逻辑。这种逻辑反过来又可以检验价值行为在理论上和实践上是否达到了价值主体的价值预期。研究发现，"经济人""文化人""社会人"契合了这三种价值取向的人性预设，工具理性、传统理性、情感理性分别是其行为类型，利益、价值观、人情则是其行动基础，这三种行动基础在很多场合不是孤立存在的，而是相互交织的，导致教师在流动过程中表现出因情景变化而变化的权变取向，是一个"复杂人"。这些构成了地方高校教师流动价值取向的人本理论逻辑。基于此，利益机制、组织认同、人情法则构成了地方高校教师流动价值取向的人本实践逻辑。

"留"与"流"的价值冲突经常使地方高校教师陷入利益、组织认同、人情困境中。为了化解流动中的现实困境和价值困境，使教师个体的流动行为能够兼顾个体、组织、系统三方面利益，本书建议遵循人力资本合理配置原则、个人与组织价值契合原则、资源配置效率价值与公平价值兼顾原则，沿着三条路径：教师职业信念重塑与职业道德提升的自我调适、组织文化价值培育的组织调适、国家政策价值指引的系统调适，对地方高校教师流动的三种价值取向进行适当调适，实现教师的合理流动。

关键词：地方高校；教师流动；价值取向；价值冲突与融合；价值调适

Abstract

Since implementation of the reform and opening-up policy in China, The development and prosperity of market economy promoted the social structure change in China, and drived the reform of social human resource management mode. The defects of stable and closed personnel management system were increasingly obvious under the planned economy system, restricted the reasonable allocation of human resources severely, thus caused the waste of human resources. Modern human resource management mode provided system basis for social labor mobility, Mobility of human resources improved allocation efficiency of social human resources. Institutions of higher learning were similar to other social industries, college teachers flew frequently. Local universities were an important part of higher education in China, and became the main output area in intercollegiate flow. The irrational and disordered flow of local university teachers further intensified disequilibrium of teacher resources between central universities and local universities. Presented a vicious cycle trend of "survival of the un-fittest", the difficulty of excellent teachers employing and the difficulty of unqualified teachers unemployed coexisted, the construction of teaching staff in local university was in the sub-health state. The construction process of "double first-classic" essentially a process of high-quality resources reorganization, local universities are passively involved in this process, It is bound to have a certain impact on the allocation of teachers resources in local colleges and universities. Why "would" local university teachers flow? Why did they "want" to flow? How did they flow? How about the effect of their flow? How to guide them flow rationally for local universities? This series of questions constitute the main body of the research on value orientation of faculty mobility in local universities.

This article starts from the body of flow—local university teachers, Based on current situation investigation of faculty mobility in local universities, analyses the influence factors of faculty mobility in local universities, to answer the question of "why would they flow" from practical level——leaded by individuals, organizations, and external environment; Explores the value orientation behind the flow behavior, to answer the question of "why did they want to flow" from Cognitive level—to fulfill some value; Discovers the logic of value orientation of faculty mobility in local universities from human-orientated level; Scans the realistic difficulties, value issues and conflicts, combines individuals, organizations, system, to present principles of value of faculty mobility in local universities, Discovers adjustment paths ofvalue orientation, to provide value guidance for making rational policies of faculty mobility in local universities.

This article regards teachers from local public undergraduate universities as the object of investigation, Study shows that faculty mobility is a common phenomenon in local universities, but the overall flow rate is relatively low; Look from the direction of flow, "flow out" feature is more obvious than "flow in" in local universities, "the rate of inflow" is slightly higher than "the rate of outflow" in eastern regions. Look from flow types, there are two main types of flow: intercollegiate flow and flow between careers in local universities, local universities have become the main "output areas" of intercollegiate flow (including research institutes) in higher education system, intercollegiate flow is more obvious than flow between careers; Look from the paths of flow, Flowing from undeveloped and less developed economic peripheral areas to developed economic centers, Flowing from prefecture-level cities in Political periphery to provincial capital cities and direct-controlled municipalities in political center, Flowing from local universities in academic periphery to central universities in academic center; Compared with central universities, faculty mobility in local universities owns several features: limited to domestic flow, academic flow rate is relatively low, flow rate is not high.

Influence factors of faculty mobility in local university include individual factors, organization factors and external environment factors. On individual level, economic interest, family feeling, self-value realization influence faculty mobility in local universities significantly, and the influences are changing diversely and dynamically; Economic factors impact flow of young teachers obviously, Family emotional factors and self-value realization factors are becoming more and more significant with age; Although the salary is not high, the degree of profession recognition of local university faculty is relatively high; Children's education opportunity and the environment, care for the elderly, spouse's workplace Significantly affect the teachers' flow, Strong family relationship is one of the important factors affecting occupational mobility of family members; Personal growth opportunities and self-value realization also significantly affect teachers' flow in local universities, Limited to the objective conditions, polarization is serious. On organization factors level, the physical and technical environment of formal organizations influences dominantly on teachers' flow, the gap with central universities on educational and scientific research fund, Poor working conditions and environment, influence teachers' flow directly in local universities; Informal organization culture factors have latent and deep-rooted influence on teachers' flow, Compared with adaptation and teleology of external adaptability, participation and coherence of internal integration more significantly affects teachers' flow; Organizational culture influences teachers and administrators differently, and the effects on teachers' flow is more Significant than that of administrative personnel; teachers care more about authorization, teamwork, creation, development, Teachers are more loyal to discipline, administrative personnel are more loyal to organization. On external environment level, interpersonal disorders often become the direct cause of teachers' flow in local universities, the relationship between the teachers and administrators rose to fight and balance between academic power and administrative power; The objective external environment, such as natural, political and economic factors, affect teachers' flow significantly, political centers, economic developed regions, superior natural areas become the main inflow place.

The motives and purposes of faculty mobility in local universities imply three types of value orientations: self-interest orientation, orientation of cultural identity, interpersonal relationship orientation. Self-interest orientation characterized by two aspects. One is value conflict formed between individual and organizational interests; individuals flow frequently at the sacrifice of organizational interests, Local university organizations often perform powerless in the game with teachers; Two is dislocation of short-term personal material interests and long-term academic development; local university teachers often pursue short-term personal material interests at the sacrifice of giving up academic development opportunities. Orientation of cultural identity presents two aspects: cultural coordination inside organization and cultural adaptation outside organization. Organizational climate affects the organization performance positively, and improves degree of organization recognition of teachers; Academic freedom is the basic principle and the highest value orientation, but academic freedom is violated frequently in local universities, Academic order is disrupted; Organizational reputation has important influence on teachers' organizational identification, high popularity can reduce the teachers' sense of relative deprivation, and enhance teachers' organizational belonging; University autonomy is significant manifestation of adaptability of organizational external culture, The problem of University Autonomy can not get effective guarantee and the problem of severe administrate of University coexist in local universities. Interpersonal relationship orientation shows as "push" and "pull" of interpersonal relationship, and interaction of "push" and "pull". In face-to-face society where "etiquette" is the criteria, "push" only exists inside organization, and occurs in interpersonal disorder, "pull" exists inside and outside organization, and occurs in the recovery process of interpersonal relationship, generally speaking, This two kinds of force works separately, But in special circumstances, internal "push" and external "pull" have same function, they can wok at the same time.

The value orientation of faculty mobility in local universities has its humanistic logic behind it . in reverse, this logic can examine whether value behaviors reach value expectation of the body on the theory and practice. Research shows that "economic man", "cultural man", "social man" agrees with human hypothesis of the three value orientation. Instrumental rationality, traditional rationality, emotional rationality are behavior types, Interest, value, human feelings are the basis of action, the three types of action basis do not exist desolately in many cases, and interweave with each other, This leads to teachers' contingency orientation of changing with the situation changes in the process of flow. he is a "complex man". These constitute the humanistic theoretic logic of value orientation of faculty mobility in local university. Based on this, interests mechanism, organizational identification, the law of human feelings constitute the humanistic practical logic of value orientation of faculty mobility in local universities.

The value conflicts of "stay" and "flow" often put teachers in local universities into dilemma of interests, organizational identification and human feelings. In order to resolve realistic dilemma and value dilemma, Make individuals' flow behavior give consideration to the interests of individuals, organizations and system, This article suggests to follow principle of rational allocation of human capital, principle of Value correspondence of individuals and organizations, principle of resource allocation efficiency value and justice value. Along three paths: self-adjustment of reshaping teachers' professional faith and improving professional ethics, organization- adjustment of cultivating organizational cultural value, system-adjustment of value guiding of national policies, To adjust the three value orientation of faculty mobility in local universities properly, and realize rational flow of teachers.

Keywords: Local University; Faculty Mobility; Value Orientation; Value Conflict and Convergence; Value Adjustment

目　录

第一章　导论：地方高校教师流动的价值之难

第一节　研究背景

　　"人力资源是我国经济社会发展的第一资源，教育是开发人力资源的主要途径。"[①] 随着经济全球化的不断深入，国际竞争更加激烈，人才的竞争已经成为国际核心竞争力的重要组成部分，而人才的培养与开发的基础在于教育，普通高等学校作为人才培养与开发的输出终端，被誉为现代人类社会发展的"动力站"。知识的传播、应用和创新，文明的传承与进步，人才的发掘与培养，科学的发现与技术的更新，社会的文明与理智，不同文化的交流与沟通，都以大学为基础。[②] 作为大学主体的大学教师则是人类文明的传播者、思想和科技的时代先锋，高等教育质量的提高在很大程度上取决于大学教师整体素质的提高，因此，建设一支高素质、高水平、结构优良的教师队伍是提高高等教育质量的关键所在，也是我国经济社会发展的必然要求。合理配置高等教育资源，实现高校教师的合理流动，有利于提高我国高等教育整体质量，进而提高高等教育整体水平。

　　20 世纪 90 年代以来，全球范围的大学教师流动开始蔓延，学术职业成为一种"国际化职业"。美国学术劳动力市场受益于外国学术劳动力的永久性流入，73% 的外国博士毕业生在毕业一年后留在美国，60% 的毕业生在毕

---

①　国家中长期教育改革和发展规划纲要领导小组办公室：《国家中长期教育改革和发展规划纲要（2010—2020 年）》，人民出版社，2010，第 1 页。

②　〔西班牙〕奥尔特加·加塞特：《大学的使命》，徐小州等译，浙江教育出版社，2001，第 1 页。

业十年后仍在美国，据统计，美国国内高校教师在同一所高校平均任职时间大约为 12 年；[①] 其他一些研究关注学术劳动力市场的短期或临时性流动，50% 的学者或研究者留在德国的时间为三个月左右，55% 的博士后研究人员留在德国的时间为一年左右，德国研究者也频繁地国际化流动，但他们很少会选择永久性留在国外；在澳大利亚、加拿大、美国，一些终身教授利用休假进行临时性的流动，"跨国学者"行走于学术劳动力市场独特的分场之间，他们在不同区域的研究机构、面向全球的大学担任高级学术职务，承担国际研究项目。[②]

改革开放以来，市场经济快速发展，其制度优越性日益显著，对我国的社会结构和社会人力资源管理模式产生显著影响。计划经济体制下相对稳定、封闭的人事管理制度的缺陷日益明显，严重制约了人力资源的合理调配，进而造成人力资源的浪费，现代人力资源管理模式为社会劳动力流动提供了制度依据，人力资源的流动提高了社会人力资源配置效率，高等学校的教师和社会的其他行业一样，流动频繁，21 世纪初第一个十年高校教师流动规模相当于 20 世纪末最后一个十年的 2.4 倍[③]，且有流动意向的高校教师占比近 1/5。[④]

在高等教育大众化的背景下，我国高等教育进入快速发展时期。1999 年教育部出台了《面向 21 世纪教育振兴行动计划》，我国大幅扩大普通高校招生规模，普通高等学校（不含成人高校和民办的其他高等教育机构）专任教师数剧增，扩招后（2000~2018 年）普通高等学校专任教师净增率是扩招前（1991~1999 年）的 7.9 倍[⑤]，普通高等学校数从 1999 年的 1071 所增加到 2020 年的 2740 所，普通高等学校数和专任教师数的剧增为高校教师流动提供了条件，进一步促进了高校教师流动。普通高等学校总数增长在一定程度上归因于地方高校数的增长，中央部委属院校数相对稳定，甚

---

① 唐慧芳：《我国高校教师流动问题研究》，硕士学位论文，湖南大学，2009，第 20 页。

② Harald Bauder, "The International Mobility of Academics: A Labour Market Perspective," *International Migration* 7 (2012): 86.

③ 根据《中国教育统计年鉴（1991—2010）》中"普通高等学校专任教师变动情况"计算。

④ 根据高等学校收入分配情况调查组 2003 年的调查报告，约 19.3% 的高校教职工有换工作的打算。

⑤ 根据《中国教育统计年鉴（1991—2018）》中"普通高等学校专任教师变动情况"计算，其中，2002 年数据缺失。

至减少（见图 1-1），地方高校数量激增，从量上看，地方高校已经成为我国高等教育的重要组成部分，承担着为区域培养人才以及为区域经济发展服务的双重功能，地方高校专任教师显著增加。以湖北省为例，地方高校专任教师数占普通高等学校数的比例从 1990 年的 28.95% 增加到 2007 年的 75.65%。[①] 我国高校教师流动一定程度上受制于地方高校教师的流动，地方高校成为校际流动的主要输出地。

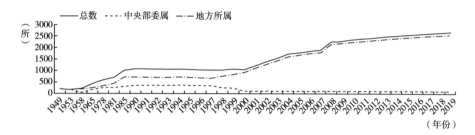

图 1-1　全国普通高等学校所属情况变化

资料来源：根据《中国教育年鉴（1949—2019）》中"普通高等学校所属情况变化表"整理。

地方高校在规模迅速扩大的同时，也普遍陷入了多重发展的困境，为引导地方高校走出困境，2014 年 6 月，国务院印发《关于加快发展现代职业教育的决定》，"引导一批普通本科高等学校向应用技术类型高等学校转型。"[②] 地方高校向应用技术大学转型为地方高校发展带来了发展契机，地方高校教师应首先转型，为了推动应用技术类高校的人才培养融入区域产业发展之中，建设一支"双师型"教师队伍是应用技术大学发展的战略重点。传统大学教师向"双师型"教师转变给地方高校教师提出了挑战和机遇，一方面，可以优化地方高校教师结构，进一步推动教师资源的合理配置，另一方面，对于一些高学历、高职称的优秀教师，高校转型有可能会成为其个人职业流动的直接动因。

为了解决"985 工程""211 工程"重点建设过程中存在的身份固化、

---

① 资料来源：国家统计局湖北调查总队编《强省之路——湖北改革开放 30 年》，中国统计出版社，2008。根据其中"各级各类学校专任教师数（1978—2007 年）"计算。

② 《国务院关于加快发展现代职业教育的决定》，2014 年 5 月 2 日。

竞争缺失、重复交叉等问题，2015 年 8 月党中央深改组审议通过的《统筹推进世界一流大学和一流学科建设总体方案》（以下简称《方案》）对重点大学改革作出了战略部署，整合既有资源，创新实施方式，支持一批高水平大学和学科进入世界一流行列或前列。[①] "双一流"建设过程实质上是优质资源重组的过程，地方高校也被卷入这个过程，势必对地方高校的教师资源配置产生一定的影响。继"双一流"后，教育部办公厅发布《关于实施一流本科专业建设"双万计划"的通知》，面向各类普通本科院校，覆盖全部 92 个本科专业，三年内建设一万个左右国家级一流本科专业点和一万个左右省级一流本科专业点。"双一流"计划是创"世界一流大学"和"世界一流学科"，"双一流"建设的目标是争做国际学术前沿并行者乃至领跑者。高校数量有限，不超过 137 所，并且入选"双一流"精英选拔名单的世界一流大学建设高校，大部分是以前的"985 工程"高校，而入选世界一流学科建设的高校，大部分是以前的"211 工程"高校，实质上是一种"精英选拔"。而具有"普惠"性质的"双万计划"的服务对象是大部分高校，有两万余个名额，层级也相对简单，那些综合实力相对较弱但具备优势专业的高校，也有机会分"双万计划"一杯羹，"双万计划"旨在全面振兴本科教育，提高高校人才培养能力，是新时期推进高等教育内涵式发展的具体实践路径。

本科教学水平审核性评估是高校教师发生流动的另一个重要的、直接的影响因素。本科教学评估始于 2002 年，为期 5 年一轮并持续进行。评估结果直接关系到一所学校的声誉和生源，各高校都很重视本科教学水平评估，而师资力量是本科教学评估重要的考察指标，各高校纷纷加大优秀人才引进力度，直接促进了高校教师流动。

突发重大公共事件（例如 2008 年汶川地震、2019 年新冠肺炎等）对局部地区的人才流动可能会造成短期影响，成为地方高校教师流动的一个偶然因素。

在地方高校转型和"双一流"建设及"双万计划"的三重作用下，加之，本科教学水平审核性评估的外在要求和申报硕士、博士学位授权的内

[①] 《国务院关于印发统筹推进世界一流大学和一流学科建设总体方案的通知》（国发〔2015〕64 号），2015 年 10 月 24 日。

在要求，高校的优秀教师资源发生职业流动的频率明显提升，高校教师不合理、无序流动进一步加剧了不同层次（地方高校与部委所属高校）、不同区域（东部与中西部）之间教育资源的非均衡分布状态。引导高校教师合理流动，是新时代高等教育内涵发展的迫切需求，也是高等教育生态系统平衡、健康发展的需要。

第二节　问题提出

笔者来自一所位于地级市的地方高校，出于主客观原因，和家人一直处于两地分居的状态，工作与生活的冲突时常使笔者陷入"留"与"流"的困境，不管是"留"，还是"流"，都意味着某些需求的满足和某些需求的放弃，这给笔者带来很大困扰。

笔者的困扰其实不是个体现象，而是地方高校教师的一个群体特征。这一群体大体可以分为几种矛盾的情形。本书按照流动主体的主观意愿将其分为主动流动、被动流动、主动+被动流动三种情形，不管是哪一种情形，都充满冲突与困境。

主动流动，主要指地方高校教师为了满足某种需求而产生主观上的流动意愿，可以是物质满足的需求、家庭情感满足的需求，也可以是自我价值实现的需求，还可以是对某种理想生活状态的追求，等等。这几类需求之间本身就充满矛盾与冲突，往往物质需求的满足就意味着自我价值的实现程度受限，情感需求也时常与物质需求、自我价值实现需求发生冲突，这就使得价值主体经常面临价值选择的困境。

被动流动，主要指地方高校教师主观上没有满足某种需求的主动流动的意愿，来自个体或组织内外部的主客观原因使得地方高校教师的某种需求得不到应有的满足而不得不发生流动。具体可以表现为教师的组织内外部人际关系失调而无法再融入既有的人际圈，也可以表现为个体价值观与组织价值观不一致、个体对组织文化的认同度不高或者不认同，从而导致组织认同度低或者反认同。每一种表现形式同样充满冲突与矛盾，人际关系失调的原因可能是主观的或客观的，可以是来自个体或者组织，人际关系失调本身就是冲突的结果，但由人际关系冲突导致的职业流动与教师主体的主观愿望是不一致的。组织认同度低也是个体价值与组织价值冲突的结果，可能是个体的价值目标与组织的价值目标不一致，也可能是个体的预期价值远高于组织的现实价值，还可以是个体与组织对同一事物价值识别与价值判断不一致。不管是出于何种原因，同样会使价值主体陷入价值困境。

还有一种情形，是主动与被动的结合，本书称之为"主动+被动流动"。这里可以细分为两种情形，一是价值主体主观上有满足某种需求的主动流动意愿，而既有组织不能满足主体的这种需求，如果组织能够满足主体的这种需求，也存在流动中止的可能，也会给价值主体带来一些困惑。二是价值主体主观上有满足甲种需求的主动流动意愿，而会因为组织中的乙种原因不得不流动，虽然甲种需求与乙种原因的作用力是同向的，即教师发生流动，但是此时，即使教师发生职业流动，也会存在一定的价值困惑。

可以看出，不管是哪种情形，地方高校教师总是面临"留"与"流"的抉择，两种抉择之间充满冲突与矛盾，任何一种选择也都是冲突与矛盾的结果。矛盾与冲突的根源是地方高校教师在职业流动过程中存在多种价值选择，由此表现出多种价值取向，而不同的价值取向之间充满价值冲突。

因此，本书从价值取向的视角研究地方高校教师流动。从流动的主体——地方高校教师着手，在对地方高校教师的流动现状进行考察的基础之上，从实践层面分析地方高校教师流动的影响因素；从认知层面探寻地方高校教师流动的价值取向；从人本层面探索地方高校教师流动价值取向的逻辑；审视教师流动过程中的现实困境、价值困境及冲突，结合个体、组织、系统三方利益相关主体，提出地方高校教师流动的价值原则，探索其价值取向的调适路径，为地方高校制定合理的教师流动政策提供价值指引。

第三节　研究意义

一　理论意义

第一，从价值取向的视角研究地方高校教师流动是一种新的价值哲学解释框架。以往研究多从社会学、管理学、教育学等视角研究地方高校教师流动，且对教师流动持不同的看法，有的从流出高校的立场出发，分析流动的原因，并提出限制教师流动的建议及对策，有的从人力资源使用效率出发，探讨高校教师的合理流动，本书以地方高校教师流动的影响因素为出发点，探寻其流动的价值取向，从人本理论的视角分析地方高校教师流动价值取向的根源，并尝试探讨其价值取向的调适路径，是对地方高校教师流动的价值哲学解释框架。

第二，将地方高校教师流动从高校教师流动中剥离开来研究是一种尝试。已有研究大多以我国普通高等学校教师群体为研究对象，忽略了我国普通高等教育的多样性与层次性特征，忽视了地方高校的独特性，本书将地方高校从整体中剥离开来研究，横向上对地方高校教师流动的价值取向进行分析，纵向上关注个人与组织的关系变化，是一次点面结合、纵横交叉研究范式的尝试。

二　现实意义

高等学校面临着教师资源分配不均的问题，地方高校教师不合理、无序流动进一步加剧了地方高校与部委属高校教育资源的非均衡问题。从流动结构看，当前地方高校教师流动是消极的、非良性的流动，主要是优秀教师的流失，呈现出"优汰劣胜"恶性循环趋势，优秀的师资引进困难与不合格教师分流困难并存，地方高校的教师队伍建设处在亚健康状态，对地方高校教师流动的价值取向进行分析，揭示地方高校教师流动的深层次原因，发掘地方高校教师无序、不合理流动的价值根源，为地方高校组织制定科学、合理的师资管理政策提供价值指引。

第四节　文献综述

在对地方高校教师流动的价值取向展开研究之前，本书需要厘清几个问题：一是关于高校教师流动研究的现状如何；二是针对地方高校教师流动研究的意义何在；三是从价值哲学的视角研究地方高校教师流动的理论依据和现实意义分别是什么。关于高校教师流动的研究主要包括三个方面：高校教师流动的价值和意义、高校教师流动的影响因素、高校教师流动的机制构建。因此，本书首先对高校教师流动的价值与意义、影响因素、流动的机制构建进行梳理。其次，对地方高校教师流动的相关研究进行分析。

再次，对教师流动的几种价值取向进行梳理。最后，对前人相关研究进行客观评价，厘清其研究思路，找出其意犹未尽或尚待进一步研究之处，为本研究提供理论与现实依据。

一　有关高校教师流动的研究

社会分工和社会分层是社会流动的基础，高校教师流动作为社会流动的重要组成部分，是社会分工和社会分层的必然产物。高校教师流动现象由来已久，但国内相关研究是在改革开放后市场经济的现代人力资源管理模式与原有计划经济体制下的传统的高校人事管理体制发生冲突时展开的。在中国期刊网全文数据库中，分别输入主题词"教师流动""高校教师流动""地方高校教师流动"进行检索，关于教师流动的研究文献 2653 篇，关于高校教师流动的研究文献 540 篇，关于地方高校教师流动的研究文献 14 篇。研究者分别从不同的视角对高校教师流动的价值和意义、高校教师流动的影响因素、高校教师流动机制等方面做了大量有价值的研究，为地方高校教师流动的价值取向研究奠定了坚实的基础。

1. 有关高校教师流动的价值和意义的研究

（1）高校教师流动能优化资源配置，促进高等教育均衡发展。高校教师的合理流动，使教师有了职业竞争和忧患意识，优化了教师的资源配置，使高等教育均衡、快速地发展。[①] 当前，我国高等教育资源分布存在显著的空间非均衡特征，区域差异是造成中国高等教育资源分布地区差距的主要原因，中国高等教育资源呈现出两极分化的发展态势，东部、中部地区相对于西部[②]地区教育资源优势明显，在东部地区，福建、河北等省份教育资源相对薄弱；在中部地区，湖北省高等教育资源比较丰富，安徽、河南等省份相对薄弱；在西部地区，四川、重庆的优质高等教育资源较为集中，新疆、西藏等区域相对薄弱。在加大对中、西部地区高等教育资源的财政投入的同时，也要在制度上、政策上有所创新，留住内部人才，吸引外部

---

① 于永华：《聘任制背景下高校教师流动问题的理性思考》，《辽宁教育研究》2007 年第 11 期。
② 东部地区包括北京、天津、河北、辽宁、上海、江苏、浙江、福建、山东、广东（含海南）10 个省份；中部地区包括山西、内蒙古、吉林、黑龙江、安徽、江西、河南、湖北、湖南 9 个省份；西部地区包括广西、云南、四川（含重庆）、贵州、西藏、陕西、甘肃、青海、宁夏和新疆 10 个省份。

优秀人才。① 从整个高等教育系统来看，高校教师的流动只是个体的物理、地理空间的改变，高校教师资源总量并没有减少。从资源配置的角度来看，教师在不同地区、不同高校之间流动，教师资源能够通过市场调节得到合理配置，从而最大限度地提高人才利用效率。②

（2）对于高校教师的"流出"，研究者态度不尽相同。从流动方向上，高校教师流动可以分为"流入"与"流出"。对于"流入"组织，优秀教师资源的流入无疑是一种积极合理的流动，研究者也基本达成共识，但对于"流出"组织，研究者之间分歧较大，一部分研究者认为，教师流动对学校管理造成负面影响。第一，教师流动扰乱了正常的教学秩序。一方面，教师流动导致教师供需矛盾，影响正常教育教学。另一方面，教师流动影响学校声誉，也给学校其他在职教师带来负面影响，不利于提高组织绩效和实现组织目标。第二，教师流动造成师资队伍结构性短缺。发生流动的教师大多是一些高层次优秀人才，他们的流失直接影响学校的学科建设、专业建设、教学与科研工作。第三，导致高等教育的非均衡发展。教师人力资源的均衡配置是高等教育均衡发展的前提，大量高校教师从经济不发达地区流向经济发达地区、从一般高校流向重点高校，进一步拉大弱势高校与强势高校之间的差距。③

另一部分研究者认为，对于"流出"组织，高校教师流动对学校带来一定的"负"功能，但也有"正"功能。第一，有利于学校对教师的有效管理。有些教师在物质、精神等方面都有一定的个性化要求，而学校的现有条件无法充分满足他们的多样化需求，他们因此减少对教学和科研的投入，消极怠工。与其低效，甚至无效地工作，不如允许他们自由流动，能将个体与组织的矛盾减少到最低程度，从而最大限度地保持学校的和谐，对个体和组织的发展均有利。第二，利于优秀人才的引进。近年来，随着高等教育的飞速发展，高学历、优秀人才越来越多，加之，我国综合实力的快速提升以及国际人才引进政策的进一步推动，大量国际人才回流，对一些高校而言，虽然流出了一些优秀教师，但为外部大量优秀人才的流入提供了机会，也为教师队

① 刘华军、张权：《中国高等教育资源空间非均衡研究》，《中国人口科学》2013 年第 3 期。
② 沈堰奇：《高校教师流动功能透析及对策思考》，《青海社会科学》2008 年第 2 期。
③ 沈堰奇：《高校教师流动功能透析及对策思考》，《青海社会科学》2008 年第 2 期。

伍注入了新鲜的血液。第三，促进高校加强自身建设。对于一些弱势高校，要想留住、吸引人才，除了不断完善管理制度外，还需要加强自身内涵建设，缩小与其他高校的距离。第四，可保持高校组织活力。对学校组织来说，教师的适度流动能使组织机构保持一定的活力，避免老化，从而最大限度地激发教师的教学激情和科研创造力。第五，可促进文化多元发展。在很多地方高校，教师的学缘结构相对简单，地缘情结比较浓厚，近亲繁殖问题严重。而在一些重点大学，由于人才引进的门槛相对较高，教师来源为国内，甚至境外，学缘结构也较复杂，学校组织文化呈现出多元化发展趋势，多元文化的交流与融合使学校的发展充满后劲。①

（3）高校教师流动能进一步激发教师潜能，满足教师多方面的需要。高校教师流动，从其主观动机来看，是为了解决其物质或精神上的诸多问题，这种行为的结果是显而易见的。首先，能提高教师个体素质。教师个体为了满足其物质或精神上某种或多种需求而发生流动，其前提条件是他们需具备流动的"能力"，这就要求个体不断提高自身的人力资本，流动资本的积累过程也是教师个体自身素质提高的过程。其次，能激发教师个体的创造力。创造力库克曲线表明，良好的创造力需要强激励措施来激发。当组织环境已经不能有效调动教师个体的积极性时，教师流动就有必要，他们会在新的环境中对自己重新定位，最大限度地发挥自己的潜能。最后，能满足教师个体的诸多需求。在发生流动后，教师的某种或多种需求得到充分满足，或是工作环境得到改善、收入有所增加，或是获得自我价值充分实现的机会。解除了后顾之忧后，他们才能安心工作。②

2. 有关高校教师流动影响因素的研究

（1）政治、经济、社会等方面的因素对高校教师流动具有影响。有学者对中国近代大学教师流动与特定时期的国情的关系进行了研究，分析了近代大学教师流动与中国政治动荡、经济落后、战争的驱使等因素密切相关。新中国成立以后，中国政治格局相对稳定，国际环境得到改善。改革开放以来，中国经济飞速发展，中国近代历史因素对大学教师流动的影响逐渐消退，但新时期国际、国内环境对大学教师流动的影响有了不同的表

---

① 沈堰奇：《高校教师流动功能透析及对策思考》，《青海社会科学》2008 年第 2 期。
② 沈堰奇：《高校教师流动功能透析及对策思考》，《青海社会科学》2008 年第 2 期。

现形式。经济全球化导致高等教育的国际化，改革开放初期，市场化的流动渠道尚未建立，师资配备和教师流动是在计划经济管理体制下进行的，高校教师系统内流动水平较低，出国成为一种主要流向。20世纪80年代中期，很多新入职的年轻教师出国攻读硕士或博士学位，他们成为出国的主力军，但相当一部分教师学成后没有及时回国，据统计，1978~1987年，国家共派出留学生29982人，但毕业回国的只有12910人，超过半数的人没有归国。[①] 随着我国综合实力的明显提升，我国高等教育逐步实现了从"精英化"向"大众化"的转变，出国留学生的回国比例显著提升，也吸引了一大批优秀国际人才加入到我国高校教师队伍中来。

高校教师流动是社会主义市场经济发展的必然产物，这是由社会主义市场经济规律决定的。社会主义市场经济要求人力资源与生产资料紧密结合，以提高经济与社会效益。社会主义市场经济的竞争性原则对高校教师流动提出了必然性要求。市场通过对人才、物资、资金的合理配置来实现社会主义经济的快速发展和经济效益的提高，市场对人才的合理调配必然要通过人才流动来实现，高校作为人才集聚地，流动在所难免。社会主义市场经济的平等原则为高校教师流动提供了可能性。在社会主义市场经济条件下，人们的社会地位、权利、机遇等方面都应该是均等的，而各高校所处的区域条件、基础条件等差异导致高校间的不平等，高校教师势必结合自身做出理性选择。[②]

高等教育政策的调整也是高校教师流动的影响因素之一。20世纪90年代末开始实施的高校教师聘用制改革以及配套的住房、医疗、养老制度的改革为高校教师流动提供了制度保障，一定程度上促进了高校教师的合理流动，高校教师逐渐从"单位人"中解放出来，逐渐走向"社会人"，解除了就业者对用人单位的依附关系，使单位和个人达到双赢。20世纪90年代末期的高等学校扩招政策为新一轮的高校教师流动提供了契机，高校教师队伍壮大的同时，也进一步促进了高校教师的校际流动。

（2）高校组织的自身特性影响高校教师流动。高校组织所处区域对高

---

① 蒋国河：《改革开放以来的中国高校教师流动》，《河北师范大学学报》（教育科学版）2010年第2期。

② 邹琨：《高校师资合理有序流动的机制研究》，硕士学位论文，扬州大学，2005，第18页。

校教师流动有很大影响。由于地理环境、发展条件等差异，我国东、中、西部地区的经济发展水平差异明显，我国高校资源分布也严重依赖于地区分布，无形中加大了我国东、中、西部地区高校之间的差距，地区经济发展水平直接影响教师的工资水平、发展空间、生活条件等方面，造成教师外流，教师的单向流动极易形成"人才洼地"。

高校组织的性质和地位影响教师流动。相对于部委属高校，地方高校在人才竞争方面处于劣势，这一点毋庸置疑，在中、西部欠发达地区的地方高校，这种劣势更加明显，由于这些学校硬、软件条件较差，教师待遇与重点大学也有很大差距，教师流动也是情理之中。[①]

高校的管理体制影响高校教师流动。传统的高校人事管理体制过于僵硬，与教师聘任制下灵活的用人制度和多样化的用人形式不相符。虽然一些高校形式上建立了一系列的制度，如合同制、岗位责任制等，但其教育观念、管理体制还是无法满足教师聘任制的要求，大量低质量的教师不断流入成为优秀人才引进的深层障碍，流出机制的缺失对教师管理和教师队伍建设提出了难题，传统的"重使用、轻培养"用人制度限制了优秀教师的发展，担心有潜质的教师流失而不敢培养，影响优秀教师的工作积极性，导致这些优秀教师资源为了获得进一步发展空间不得不流动。[②] 西奥多·W. 舒尔茨在《论人力资本投资》中论述了对人力投资的重要性，他认为贫穷国家贫穷的根源是人力资本不能与物质资本保持齐头并进，而变成经济增长的制约因素。[③] 地方高校希望以最小的投资获取最大的收益，寄希望于一种满足消费偏好而丝毫不提高人的生产能力的纯粹消费，殊不知，轻培养与重使用本身就是自相矛盾的，不注重师资力量的培养，不提高教师的综合素质，就难以提高教师的教学水平和科研能力，最终影响组织绩效的提高，教师也会因进一步发展的空间受阻而怠慢工作。久而久之，本应是学校发展驱动力的优秀教师成了学校发展的限制因素之一。如果能将教育看作是纯粹的投资，教育投资的收益与非人力资本的投资的收益相比则具

---

① 吴义敏：《我国地方高校教师流失及其治理研究》，硕士学位论文，湖南大学，2012，第25页。

② 唐博：《我国高校教师流动机制研究》，硕士学位论文，长沙理工大学，2011，第11页。

③ 〔美〕西奥多·W. 舒尔茨：《论人力资本投资》，吴珠华等译，北京经济学院出版社，1990，第8页。

有更大的吸引力。[①]

（3）高校教师的多样化需求影响教师流动。按照马斯洛的需求层次理论，高校教师也有不同层次的需求。物质需求是最基本的需求。人是社会的主体，一切社会活动都是人的活动，人的任何活动都离不开一定的物质基础，都在自觉或不自觉地满足某种需要，这种需要构成人的内在动力。高校教师也需要一定的经济基础。调查发现，我国高校教师，尤其是中青年教师流动的主要原因之一就是工资待遇低，这种利益驱动还表现在生活福利、住房条件、家属安置、子女上学等多方面，科研经费投入也是其利益驱动的表现形式之一。[②]

自我价值的实现是高校教师的较高需求。高校教师这一特殊知识群体，不仅有物质生活的追求，还要发挥自己的才能并得到社会的尊重，实现自我价值，当物质需求得到一定程度满足之后，自我价值实现的需求显得尤为重要，对于一些有潜质的教师，所在单位如果不能提供一定的职业、学术发展空间，他们可能会选择流动到适合自己发展的环境中去。地方高校，尤其是新建本科院校，大多是教学型院校，缺乏良好的科研氛围，科研投入严重不足，科研能力相对较强的教师不但不会被重视，还有可能被排挤，使得他们的自我价值难以实现，唯有选择流动。

相对剥夺感影响高校教师流动，当高校教师将自己的处境与某种标准或某种参照物相比较而发现自己处于劣势时会产生一种受剥夺感。单从物质条件看，当他们拿自己的收入水平和其他高校教师或者其他行业的收入水平相比较，发现自己的收入水平远低于同行或其他行业的收入水平时，会感到自我价值与收入水平不对等，这种不对等更多体现在精神层面，他们会认为所在单位对自己不够重视或自我价值没有得到完全展示。社会认同度相对其他高校较低也会使他们产生受剥夺感，例如学校声望等因素影响教师的社会认同度，他们会选择流动到学校声望相对较高的高校。

3. 有关高校教师流动机制的研究

在我国长期的计划经济体制下，我国高校教师流动管理机制缺失，在

---

① 〔美〕西奥多·W. 舒尔茨：《论人力资本投资》，吴珠华等译，北京经济学院出版社，1990，第 12 页。

② 张海波：《我国公办普通高等学校教师流动问题研究》，硕士学位论文，天津大学，2005，第 12 页。

宏观上表现为市场、政府、学校的角色错位，微观上表现为学校管理效率低下，教师个人诚信度不高，因此，构建高校教师流动机制是教师合理有序流动的制度保障。

（1）政府调控与市场调节相结合，构建高校教师流动机制。一方面发挥政府的宏观调控作用，另一方面发挥市场的主体作用，确定市场的基本配置方式的地位，辅之以国家的宏观调控，将国家的宏观调控作用与市场的灵活性结合起来，为合理、有序的教师流动机制的构建提供良好的外部条件。政府调控主要表现为两个方面。一是法律保障。市场经济就是法制经济，高校教师劳动力市场要求逐步完善与之配套的市场法规，依靠一定的法规来规范用人单位与教师的劳动关系，创造一个平等的市场竞争环境，以维护市场秩序。二是行政调节。运用行政调节手段调节高校教师劳动力市场，通过制定相关政策、规定，直接干预高校教师劳动力市场活动，以弥补市场调节的不足。例如编制和实施高校教师师资队伍总体规划，从总量上进行调节；减少对高校教师市场的干扰，纠正市场的偏误发展，促进高校教师队伍的区域平衡。

（2）加强高校教师的流入、流出机制以及在职管理。事物的运动是绝对的，教师队伍管理也应是动态的，在学校与社会之间进行人才与资源的交流过程中，当教师的流出明显大于流入时，教师队伍会因缺乏新鲜血液的注入而慢慢失去活力，相反，教师的流入明显大于流出时，教师队伍也会因为缺少竞争而失去活力，但这并不等于流入量与流出量达到某一个比例就是良性的流动，良性的流动是指高校既要科学管理教师流入，也要科学管理教师流出，需要教师的时候能够引进优秀教师，人浮于事时，能够及时流出部分教师，完善教师流入流出机制，为高校教师合理流动创造良好的内部环境。

高校教师流入是高校教师管理工作的重要环节，引进高层次、高水平人才是提高教师队伍整体素质的重要途径之一，优秀人才引进的量与质应该与本校的实际校情相匹配，做到按需流入，由于人才的流入，除了引进的高成本之外，高校还必须投入更多的配套设施和资源，人才引进的量必须符合学校人才的需求，同时，对于引进的人才，不仅要保证高水平的产出，还要保证有良好的团结协作精神和奉献精神，充分挖掘优秀人才的潜质。除此之外，引进的人才应该与本校的实际配套资源相匹配，引进适合岗位的优秀人才，以免造成人、财浪费。人才引进过程公开、透明，拓宽流入教师的渠道，避免"近亲繁殖"，实现人才的"杂交"模式，以免学科模式僵化，也可以防止可能形成的"学阀帮派"。人才引进方式也可以多样化，例如引进兼职、外聘教师，这些教师往往是原单位的学科带头人，他们不仅可以为高校注入新鲜血液，还能提供丰富的实战经验，也可以降低人才引进的成本。[①]

为了让优秀人才"走进来"，不合适的教师"走出去"成了必然。既要科学管理流入，又要科学管理流出，真正做到需要的人能流进来，留得住并发挥他们的作用，不合适的教师能及时流出去，实现高校教师的合理良性流动。控制"反向"流出，推动"正向"流出是教师流出管理的核心。"反向"流出是指高学历、高层次的教师的流出，他们是学校发展的中流砥柱，这种流出与学校的发展相违背，学校应尽量做到"感情留人、待遇留人、事业留人"，降低管理体制不完善而导致的优秀教师流出的比例，对流出的岗位要及时补充。"正向"流出是指富余教师的正常调离、不合适教师的流出、教师的离退休等，"正向"流出有利于节约教育开支，降低办学成本，优化教师队伍。长期计划经济体制的影响，造成我国高校教师能进不能出、职称职务能上不能下、待遇能高不能低的问题，严重影响了学校发展，流动不充分也在一定程度上影响了一些教师的个人发展。为推动教师"正向"流出，政府、学校、市场可以多方合作形成多元的交流机制，拓宽教师再就业的渠道，尝试重点高校与地方高校教师的互动交流、区域之间交流、学校与社会的交流。[②]

加强对在职教师的管理，主要表现在对他们的培养，提高教师的整体素质，使其能满足不断变化与发展的教学与科研的需求，注重在职教师的培养和深造，鼓励他们参加各种形式的培训或进修，为他们提供更多更丰富的发展机会和空间。不断完善绩效评价机制，教师聘任、职务职称晋升、奖励都以绩效考核为依据，促进教师素质的全面提高。

（3）提高教师诚信度和组织忠诚度。市场经济是诚信经济，在建立市

---

① 唐博：《我国高校教师流动机制研究》，硕士学位论文，长沙理工大学，2011，第 26 ~ 28 页。

② 唐博：《我国高校教师流动机制研究》，硕士学位论文，长沙理工大学，2011，第 34 页。

场经济的过程中必然出现很多诚信问题，诚信作为一种要素在资源配置过程中起着非常重要的作用，能持续为市场主体带来利益，诚信的缺失会导致交易成本的提高。诚信就是诚实、信用，它既是法律问题，也是道德问题。在教师流动过程中，涉及学校组织和教师个体两方面的诚信。诚信要求学校和教师双方"立约以诚、如实履约、按约赔偿"，现实生活当中，学校或个人违背诚信原则的问题时有发生，甚至对簿公堂，如一些高校采取由"政策留人""感情留人"演化而来的到期不放的"合同留人"，造成优秀人才担心易进不易出，有些单位不考虑被录用人员与原单位的合同关系，按需录用，损害原单位的利益。反过来，一些教师为了个人的多种需求，不履行完合同义务，就单方面解除合约，流动到其他高校或行业，也给学校教师管理带来混乱。诚信原则要求学校和教师都严格遵循合同条款，在法律允许的范围内解除合同的，协商处理，尽量降低因合同解除给双方造成的利益损失。[①]

教师的诚信度与对组织的忠诚度密切相关，个人行为的积极性取决于内在需求度与环境刺激的乘积。教师的忠诚度不能完全依赖于教师的自觉行为，高校应该通过营造良好的环境、发挥非正式组织的作用来提高教师的组织忠诚度，增强教师对学校的信任、提高其忠诚度对优秀教师的"反向"流出有一定抑制作用。

二　有关地方高校教师流动的研究

对已有研究成果进行梳理，发现专门针对地方高校教师流动研究的文献不仅量少，而且系统性研究严重匮乏，其中，只有 2 篇硕士学位论文，尚未看到专门对此问题进行系统研究的著作。由此可见，对我国地方高校教师流动的研究还有漫长的路要走，地方高校教师流动研究中还有很多亟待解决的问题。

广少奎、王学认为，学校难以满足教师的职业期望、教师对学校的管理不满和失望、教师对学校资源分配的不公平感是地方高校教师流失的三大原因。同时，提出相应对策：确立"以教师为中心"的学校管理理念，

---

① 王焕轶：《我国高校教师自由流动问题研究》，硕士学位论文，浙江师范大学，2004，第 34～35 页。

建立公正科学的管理机制，推行人力资源技术。[①]

郑哲以湖北某师范学院为研究对象，通过对该校 2000～2006 年人才流失情况进行统计分析，从经济和社会影响两方面分析人才流失对地方高校带来的负面影响，从社会环境、地方高校、教师自身等因素分析地方高校教师流失的原因，并从四个方面提出防止地方高校教师流失的对策：建立地方高校人才稳定机制，推行人力资源管理技术，创建有利于人才合理流动的社会环境，构建和谐校园文化。[②]

张立新、魏青云以不同区域的 10 所新建本科院校为研究对象，从成本与收益的视角，运用回归分析、因子分析等计量方法，对新建地方院校教师流动的不同动因进行实证分析，认为人力资本和社会资本在教师流动中发挥着重要作用。他们提出了有效引导教师流动、教师与高校双赢的主要建议：理性认识地方高校教师流动的合理性；拓展教师的职业发展空间，以市场手段增加学校人力资本存量；加强院校内涵建设，为教师发展提供良好平台；改进价值导向，形成良好的学术氛围和核心价值体系；优化制度政策环境，以制度化手段引导教师有序流动。[③]

吴义敏采用"退出—呼吁—忠诚"理论分析地方高校教师流失问题，对教师流失所造成的影响进行归纳，提出地方高校教师流失会对教师个人、地方高校、地方社会经济发展以及我国高等教育四方面造成不利影响，认为地方高校的外部社会环境、内部师资管理、教师自身等因素是地方高校教师流失的主要原因。他通过理论分析与比较研究，提出地方高校教师流失的治理对策：外部环境上，改善地方高校的宏观管理，完善教师流动的相关法律法规和社会保障体系；内部环境上，加强地方高校教师的流入、流出及在职管理，重塑教师职业信念，规范职业道德。[④]

---

① 广少奎、王学：《地方高校教师流失的原因分析及对策思考》，《当代教育论坛》2005 年第 1 期。

② 郑哲：《我国地方高校教师人才流失的现状及对策研究》，硕士学位论文，山东师范大学，2008，第 1 页。

③ 张立新、魏青云：《新建本科院校教师流动的实证研究》，《现代教育科学》2011 年第 6 期。

④ 吴义敏：《我国地方高校教师流失及其治理研究》，硕士学位论文，湖南大学，2012，第 45～46 页。

三 有关教师流动价值取向的研究

经过文献检索，专门针对高校教师流动价值取向研究的文献鲜见，针对中小学教师流动价值取向的研究文献也为数不多，虽然基础教育与高等教育有着本质区别，其社会学或教育学意义上的流动对高校教师流动仍然有一定借鉴意义，流动的价值取向上则有诸多共同点，大体可以归纳为以下几种价值取向。

第一种是经济理性。石邦宏、戴霞认为，随着市场经济的飞速发展，经济指标日益成为衡量个人成功与否的重要指标之一，教师群体也是"经济人"，他们也有追求自身利益最大化的愿望和动机，人事制度改革使得教师为追求更高的经济回报而发生职业流动成为可能。单向"向上"流动隐含着经济理性驱动，他们开始用经济的眼光来定位自己的职业人生，高经济利益回报职业成为他们的职业偏好。他们进一步指出这种经济理性驱动的单向流动会造成一系列不良影响。一是年富力强的骨干教师的流出使得教师群体整体素质下降。二是由下往上的单向流动加剧教育资源分配的"非均衡"程度，危害教育的公平目标。三是影响了教育的整体效率和整体质量。优秀教师的单向流动提高了局部教育效率和教育质量，但是以牺牲大多数学生的发展为代价的。四是经济待遇和经济地位的差异加剧了教师群体的内部分层。处于温饱线的一线教师难免将不满情绪带到工作中，影响教学质量。基于这些危害，他们提出了中小学教师流动的理想状态及实现途径。用经济资助的方法引导教师合理均衡流动，用契约方式对教师权利与义务进行确定，建立有效的不合格教师的退出机制。教师流动根本上是教育效率与公平的问题。用市场机制解决效率问题不为人所质疑，但不能有效解决教育公平问题。因此，他们建议在教育政策制定过程中要充分考虑我国不同地区的经济发展状况和教育水平，在政策上要对落后地区有所倾斜，经济上对乡村和贫困地区教师进行资助，同时，用法律手段对教师的权利与义务进行确定。①

第二种是教师专业发展取向。高臣、叶波认为，当前教师流动中存在的"重数量、轻质量""重外延、轻内涵"等诸多问题根源于缺乏正确的价

① 石邦宏、戴霞：《经济理性驱动下的中小学教师流动》，《中国教师》2005年第11期。

值取向的指引，教师专业发展取向旨在通过师资配置过程促进教师共同发展。其意义体现在三个方面。一是有利于实现教育优质均衡。优质均衡发展的前提是均衡，核心是优质，它不是教育的"平均主义"，应是在底线均衡的基础之上彰显个性，提升教育质量。教师专业发展取向根本上是追求教师的专业化，通过教师流动优化整体师资，正确处理平等与效率、均衡与优质的关系，使其相互促进。二是有利于促进教育均衡发展方式的转变。优质均衡发展的核心是优质，意味着教育发展方式上必须从外延式发展转变为内涵式发展，充分重视学校内部因素对提高办学质量的积极作用，而教师就是学校优质教育的承载主体之一。教师专业发展取向下的教师流动，应以教师为价值主体，以教师的专业发展为旨归，通过教师流动实现学校核心要素的整体优化，从而体现教育优质均衡发展的内在要求。三是有利于凸显教师在流动中的主体地位。教师专业发展取向下的教师流动，关键在于促进教师专业发展意识的不断增强，进而使教师积极、主动参与流动，变"被动流动"为"主动流动"。不仅可以保障教师流动的主体地位，还可以提高教师流动的实效。在对其意义分析的基础之上，他们也提出了提高教师流动内涵的策略。一是关注异质差异，构建教师专业共同体。"有机团结"本质上是集体"协调一致"基础上的"和而不同"，分化产生分化。教师流动过程中要承认教师的异质性，保持教师专业共同的适度异质。二是重视制度保障，促成自然的合作文化。现实中制度性的教师流动缺乏真正意义上的合作，教师为流动而流动，未起到均衡资源配置的作用。教师专业发展取向本质上是人本取向，教师的生存与发展应该是制度设计的终极价值追求。三是基于专业行动，实现教师的深层流动。要在相关制度保障下，自然合作并形成专业共同体。通过合作与探究获得共同发展。[①]

第三种是文化取向。刘平认为，组织文化与教师职业发展之间有着密切关系。学校文化是一种隐形的文化形态，对教师和学生有着潜移默化的影响作用，学校的"文化场"与"文化力"像磁铁一样对师生发生作用，如果教师认同学校组织文化，他们就会"南北相吸"，教师获得较强的文化归属感，正向影响工作积极性。相反，如果教师不认同学校组织文化或产生反认同，就会"同极相斥"，教师因此缺乏文化归属感，降低工作积极

---

① 高臣、叶波：《教师专业发展取向下的城乡教师流动》，《上海教育科研》2015 年第 2 期。

性，这种情况下，许多教师会选择流动。在教师外流的同时，也出现一些教师回流，究其原因，不是因为新学校待遇、教学条件和环境与预期有明显差异，更多的是不能适应新学校的文化。对流动教师来说，只有迅速融入新学校的文化，认同新学校群体文化的价值取向与行为方式，才能被新组织文化吸纳、同化。事实上，解决教师的业务困难远比解决教师的价值困惑要容易得多。①

此外，杨志通过对 29 个省、自治区、直辖市以及新疆生产建设兵团的73 份政策文本进行分析，探讨其政策制定的价值取向。他认为当前中小学教师流动政策存在两种价值取向：公平取向和效率取向。总体来看，分为以浙江等地区为代表的公平取向和以北京等地区为代表的效率取向。公平取向力图在教育均衡的过程中做到对所有教师公平，而效率取向力图在教育均衡的过程中以最少的付出获得最理想的回报。总体来看，公平取向的教师流动政策居多，21 个省份属于此类。两种价值取向的教师流动政策各有利弊。公平取向的流动政策可以有效实现教育均衡，促进教育公平。但目前以定期交流为主要形式的公平取向流动政策存在诸多问题，达不到流动的实效。效率取向的教师流动政策能以最小代价获得最优效果，实现了教育均衡，还可以提高教育质量。但效率取向的流动政策由于没有硬性的指标所以政策效果不明显。在此基础之上，他从三个方面提出对策、建议。一是继续允许各省探索符合自己情况的教师流动机制。不宜将公平取向的流动政策固定为唯一的教师流动模式，允许一些地区继续做一些效率取向流动政策的探索。二是完善公平取向的流动政策。完善配套政策，为公平取向的教师流动政策扫清制度障碍，确保政策落实到位。三是充分考虑教师群体的特殊需要。坚持人本取向，正面引导教师认识流动的意义与价值，积极流动。②

四 文献述评

对已有研究成果进行分析，发现目前对高校教师流动的研究存在以下不足。

---

① 刘平：《中小学教师流动的文化解读》，《中国教师》2005 年第 11 期。
② 杨志：《公平与效率：省级层面教师流动政策主导价值取向》，《现代教育管理》2014 年第 11 期。

1. 高校教师流动价值和意义的认识误区

将"流动"等同于"流失"，对高校教师的流动行为进行"堵"，而不是"疏"。从不同视角研究高校教师流动的价值和意义，研究者有不同的价值判断。部分研究者认为改革开放以后的"出国风"是国内教师流失的罪魁祸首，出国留学教师归国率一度低于半数，但他们没有认识到，除了一部分教师是出于利益驱动而选择留在国外，相当一部分未回国的教师能在国际范围内找到更好的学术发展空间，这有利于高层次人才的培养。随着我国综合国力的增强和中国国际地位的提升，我国高等教育事业快速发展，近几年，出国留学生回国比例明显上升，同时，吸引了大批国外高端人才，国际合作也不断增强，因此，鼓励人才的国际流动既是国际合作与交流的需要，也是我国经济社会和高等教育事业发展的需要。关于高校教师的校际流动中的人才的流入问题，研究者基本不存在分歧，对人才的流出，研究者有不同的理解，部分研究者认为，出于历史等原因，我国高等教育资源在中、东、西部分布不均衡，不同高校的投资和行政管辖隶属关系进一步拉大了部委属高校和地方高校的差距，已经严重制约了弱势高校的发展空间，弱势高校的优秀教师的流出会进一步影响学校发展。因此，在学校管理上，他们采用"堵"的方式控制优秀教师的流动，结果不仅没能"堵"住教师的流动，反而两败俱伤，导致学校师资管理的混乱，他们没有认识到如何从管理体制上进行改良来引进、留住优秀教师，比如提高教师待遇、营造良好的科研氛围、加强组织文化建设、增强教师的组织认同感。对于有意愿流动的教师，要及时进行"疏导"，认真听取他们的意见，解决他们的问题，允许其自由流动，相对人性化的教师管理政策也有利于吸引校外的优秀人才。

2. 对于高校教师流动影响因素及发生作用的方式认识不足

已有关于高校教师流动影响因素的研究，具体来说，包括以下几方面：国家教育体制改革的实施、教育法律法规的出台、学校师资管理办法的制定、教师的多样化需求的满足。其中，关于教育法规、政策影响的观点基本一致，学校制度的影响较多关注学校人事管理制度的改善，具体包括教师流入、流出和在职管理，也有关于组织科研氛围营造的相关研究，但是缺乏对学校组织文化建设、教师组织认同感的研究，而这些有可能是教师流动的主要因素之一，教师个体的影响侧重于教师的物质需求和自我发展的需求，但对物质需求缺乏明确的界定，大多研究将其简单理解为工资待遇的提高。物质需求是一个广义的概念，它应该包括工资待遇、福利、住房条件、家属安置、子女上学等方面，自我发展应该包括教师的职业发展和学术发展等方面。除了以上影响因素外，还应该包括其他因素，例如当地的气候条件、空气质量、生活习惯等自然和社会条件。更为重要的是，不同层面、同一层面的不同因素不是单独对教师流动发生作用，教师流动是多种影响因素交互作用的结果，一种因素有可能负向影响另一种因素，多种因素相互交织导致教师流动。

3. 高校教师流动的分类研究欠缺

目前，关于高校教师流动的研究文献并不少见。吴民祥的《流动与求索——中国近代大学教师流动研究：1898~1949》一书，选取在中国近代史上有特殊意义的北京大学、清华大学、西南联合大学等七所重点大学为研究对象，从自由流动与压力流动两个方面剖析中国近代大学教师流动现象，是教育交流史上一种新的研究视角。[①] 王慧英的《我国高校教师流动政策研究：基于制度经济学的研究视角》一书，从我国高校教师流动制度出发，通过高效教师流动的正式制度和非正式制度提供的行为实践框架，分析我国高校教师流动的政策及执行的现状，在制度层面上分析高校教师流动政策出现问题的原因，并尝试提出解决问题的途径。[②] 这两部仅有的关于高校教师流动的著作都是以高校教师群体为研究对象。刘进的博士学位论文《中国研究型大学教师流动研究——兼论大学教师流动与学术职业发展的关系》以中国的 9 所研究型大学为研究对象，对中国研究型大学教师流动的根本问题、趋势、原因进行分析，并从国家层面对大学教师管理和流动提供建议，对于国家层面增进学术职业吸引力、提升职业开放性和公平性等提供了一定的决策参考。[③] 总体来看，专门针对地方高校教师流动的系统研究还很欠缺。

---

① 吴民祥：《流动与求索——中国近代大学教师流动研究：1898~1949》，浙江教育出版社，2006，第1~15页。
② 王慧英：《我国高校教师流动政策研究：基于制度经济学的研究视角》，东北大学出版社，2014，第1~16页。
③ 刘进：《中国研究型大学教师流动研究——兼论大学教师流动与学术职业发展的关系》，博士学位论文，华中科技大学，2012。

4. 关于教师流动价值取向研究的不足

文献分析发现，教师流动价值取向的研究严重不足。首先，对高校教师流动的现状、影响因素、机制构建等的研究层出不穷，但对高校教师流动价值取向的研究严重匮乏。殊不知只有在对高校教师流动的价值取向进行透彻分析的基础之上，才能制定科学、合理的教师流动政策。其次，地方高校具有一定特殊性，地方高校教师流动的价值取向研究还有很大的研究空间。再次，以上对中小学教师流动价值取向的研究也显得捉襟见肘。还有更多的、不同的价值取向可发掘，每一种价值取向本质上是不同价值取向冲突、博弈的结果，价值冲突研究还有待深化。最后，价值取向的深层逻辑还可以进一步探究，包括理论逻辑与实践逻辑。

5. 实证研究严重不足，理论研究水平有待提高

认真分析相关文献的研究方法，关于高校教师流动的研究大多采用文献研究法和调查研究法，文献研究主要是对国内已有研究文献成果的梳理，缺乏国内外相关内容的比较研究，调查研究数据来源单一，大多是对《中国教育统计年鉴》《中国教育年鉴》以及相关的教育统计报告的数据进行整理而来，没有关于高校教师流动的具体数据，虽然也有少量对于特定对象的问卷调查和访谈，但整体上，高校教师流动的实证研究严重不足。由于缺少对高校教师流动的系统性研究，主要是借用管理学、社会学、心理学的相关理论来解释教师流动成因并提出相关对策，其理论研究水平有待进一步提高。

第五节　概念界定

一　地方高校、地方高校教师流动

我国的高等教育系统按照投资和行政管辖隶属关系，分为中央部委属高校和地方所属高校。地方高校是指地方政府投资、主管的高等学校。本书中的地方高校主要包括：①主办者为省级、市级人民政府，投资者以省级、市级人民政府为主；②服务面向以投资者管辖的省、市及其所辐射的区域为主；③人才培养规格以本科教育为主，包括部分硕士研究生和博士研究生教育。基于上述标准，本书所指的地方高校不包括：①各省和各地

方由民间投资、管理的民办高校；②各省和各地方举办的高职高专院校。

地方高校教师流动是一个社会学概念，它作为社会流动的一个重要组成部分，具有社会流动的两种属性。基于自然属性意义上的地方高校教师流动是指地方高校教师的生活区域、职业或岗位等发生变化，这些变化并未引起地方高校教师社会地位和社会角色的转变。基于社会属性意义上的地方高校教师流动，是指地方高校教师在社会结构网络关系中从一个位置到另一个位置的社会地位转变和社会角色转换。同时，地方高校教师流动又是一个教育学意义上的概念，它指地方高校教师以促进专业发展为目的，参与各类学术交流的行为。本书中，"地方高校教师流动"主要是一个社会学概念。

本书的地方高校教师流动不包含以下内容：①自然减员（正常退休）或因其他问题（健康问题等）退出高等学校领域；②地方高校教师的校内岗位调整；③地方高校教师的短期外出学习、培训和工作。

二　价值、价值观、价值取向

关于价值的概念有许多争论，主要包括三种观点。一是价值主体说，认为价值是因主体需要而产生的，主体需要是价值的尺度与源泉，价值具有主观性。二是价值客体说，认为客体是价值的载体，客体的属性和功能是价值的来源与依据，价值具有客观性。三是价值关系说，认为价值是主体和客体之间的一种基本关系，表示客体对主体所具有的积极或消极的意义，价值关系就是意义关系。本书倾向于第三种观点。

价值观是人或组织对某类事物是否有价值、有多大价值、应该具有何种价值的信念、认知、情感以及意志的总称。一般情况下，将"价值观念"与"价值观"等同使用，但二者也有区别。价值观念是关于某类事物的意义或价值状况的看法，而价值观是关于价值的根本看法。价值观是价值观念的核心和基础，价值观念则是价值观对有关问题的体现和具体化。[①]

当前，学术界对价值取向的理解有几种观点。一是标准说，认为价值取向是某一个人所信奉的且对其行为有所影响的价值标准。二是倾向说，

---

① 袁贵仁：《价值观的理论与实践——价值观若干问题的思考》，北京师范大学出版社，2013，第130~131页。

认为价值取向是主体在价值选择和决策过程中一定的倾向性。三是行为说，认为价值取向是价值主体在进行价值活动时指向价值目标的活动过程，反映出主体价值观念变化的总体趋势和发展方向。① 基于以上理解，结合研究需要，本书将价值取向界定为：价值主体基于自己的价值观，在处理各种关系、矛盾与冲突时所持有的基本价值立场、态度和倾向。

第六节　研究思路与方法

一　研究思路

本书基于文献梳理，遵循"是什么—为什么—怎么样—怎么办"的认知过程展开对地方高校教师流动的价值取向研究，具体思路如下。

第一章为导论。本章主要是阐释地方高校教师流动的研究背景、研究的理论意义与实践意义，为地方高校教师流动的价值取向的理论分析和实证研究奠定基础。同时，对本书所采用的研究方法进行说明，对相关概念进行界定，并提出本书的创新及不足之处。

第二章，地方高校教师流动的现状考察，回答"是什么"的问题。一方面结合已有研究成果和本书的样本数据，对地方高校教师流动的现状进行总体描述，归纳地方高校教师流动的主要类型和流动路径，为后续研究提供一定的理论和实证依据。另一方面从地方高校的特性出发，将地方高校教师流动与中央部委属高校教师流动进行对比分析，比较两者的共性及差异，进一步说明研究地方高校教师流动价值取向的必要性。

第三章，地方高校教师流动的影响因素，对流动的缘由、因素进行剖析，从实践层面回答"为什么'会'流动"的问题。总体上从个体、组织、外部环境三个层面分析地方高校教师流动的影响因素，为后续的价值取向研究奠定基础。个体因素包括经济因素、家庭因素、自我价值实现因素，在马斯洛需求层次理论基础之上，勾勒地方高校教师的需求层次图。组织因素从正式组织和非正式组织两个方面展开，正式组织侧重于物理、技术环境对地方高校教师流动的显性影响，非正式组织侧重于文化环境对地方

---

① 黄胜：《民族地区学校教育价值定位的反思与建构——以瑶山白裤瑶的学校教育价值取向变迁为例》，西南财经大学出版社，2015，第15页。

高校教师流动的潜性影响。外部环境因素从社会因素和外部客观环境两方面展开，社会因素侧重于人际关系因素对地方高校教师流动的影响，外部客观环境则包括气候环境、地理环境、区域经济发展水平等因素。

第四章，地方高校教师流动的三种价值取向，对流动的动机、目的进行探究，从认知层面回答"为什么'要'流动"这一问题——实现某种价值。在上文对影响因素分析的基础之上，发现地方高校教师在流动过程中呈现三种价值取向：功利取向、文化认同取向、人际关系取向。功利取向包括两方面内容，一是个人与组织的利益对立形成的价值冲突，二是个人短期物质利益与长期学术发展错位。文化认同取向从组织内部文化协调与组织外部文化适应两方面展开，组织内部文化包括组织氛围和学术自由，组织外部文化包括组织声望和大学自治。人际关系取向则分别从人际关系的"推力"和"拉力"以及两种力的相互作用等方面展开。

第五章，地方高校教师流动价值取向的人本逻辑，对流动效果的一种人本理论解释——人性的本质与实现。从"经济人""文化人""社会人"不同的人性预设出发，将其行为类型对应分为工具理性、传统理性、情感理性，在此基础上，进一步挖掘三种价值取向的行动基础：利益、价值观、人情，构成了地方高校教师流动价值取向的人本理论逻辑。基于此，从利益机制、组织认同、人情法则来阐释地方高校教师流动价值取向的实践逻辑。

第六章，地方高校教师流动的现实困境与价值困境，揭示"流"与"留"的后果。现实困境主要是从纵向上分别探讨每一种价值取向对个体、组织、系统所带来的困境。价值困境主要是从个体的视角对三种不同的价值取向进行两两比较分析，发掘其价值冲突与融合，这些构成教师"留"或"流"的价值根源。

第七章，地方高校教师流动的价值取向调适，对合理流动的策略进行探讨。在上文现实困境与价值困境的基础之上，遵循人力资本合理配置原则、个人与组织价值契合原则、资源配置效率价值与公平价值兼顾原则，从个体、组织、系统层面对教师流动的价值取向进行调适，从而实现地方高校教师的合理流动。具体见图1-2。

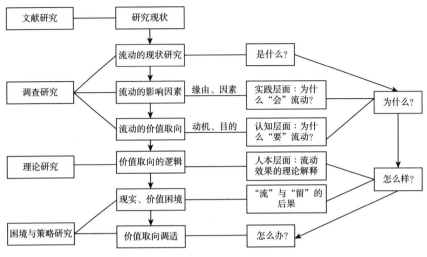

图 1-2　地方高校教师流动的价值取向研究思路

二　研究方法

本书综合使用文献研究法、问卷调查法、访谈调查法、比较研究法，力争做到理论研究与实证研究相结合，量化研究与个案研究相结合，提高研究成果的现实参考价值和学术价值，使研究成果更富有科学性、系统性、可行性与创新性。

1. 文献研究法

本书的文献研究主要包括以下几个方面。一是对地方高校教师流动的相关论文和著作进行梳理，分析已有研究的成功和不足，对地方高校教师流动影响因素的相关指标进行萃取，确定研究维度和研究框架。二是对地方高校教师流动已有的相关理论进行梳理，结合本书影响因素的维度并逐步形成本书的理论基础，提出与之对应的管理措施，尝试构建地方高校教师合理流动的机制。三是对已有的统计数据进行整理，例如《中国教育统计年鉴》《中国教育年鉴》，对统计数据进行纵向历史比较和横向分类比较，分析地方高校教师流动趋势与路径的变化并试图解释变化的原因。四是对教师流动的价值取向进行梳理，并尝试分析不同价值取向下教师流动所形成的价值冲突，进一步揭示价值冲突的根源，挖掘其价值取向的人本理论与实践逻辑，为教师流动政策制定提供价值指引。

2. 问卷调查法

本书考察地方高校教师流动的价值取向。问卷分为四大部分。第一部分是被调查者的基本信息。主要包括人口学统计特征信息、配偶相关信息、教育经历信息、学术科研成果信息等。第二部分是流动情况。主要包括流动次数、频率、流动效果等信息。第三部分是流动影响因素。分为个人因素、组织因素、外部环境因素三方面。然后对每方面的因素进行细化，分为不同的观测维度，再将每个维度分别细化为若干问题，分别观测每一个维度对教师流动的影响，同时，观测不同维度间交互影响以及对教师流动的影响。第四部分是流动价值取向。主要包含一些价值选择的问题。问卷设计上，普通问卷和问卷量表相结合，单选题和多选题互为补充，确保问卷测量的效度和信度。数据处理上，将使用社会学统计软件 SPSS 21.0 进行探索和验证分析。

3. 访谈调查法

为弥补调查问卷因选择等问题引发普遍性和代表性质疑的缺陷，选择一些具有代表性的教师进行结构式访谈，进一步发掘地方高校教师流动的深层原因，之后将访谈材料进行整理并作为重要文献加以利用。

4. 比较研究法

比较研究主要包括三方面。一是将部委所属大学和地方高校教师流动进行比较。分析两类高校教师流动的路径、趋势和原因，找出共同点和不同点，对地方高校教师无序流动提出更有针对性的建议。二是同类比较。同类地方高校因自然或社会条件的差异，教师流动也会表现出不同的特征，同一影响因素在不同地方高校发生作用的程度和方式可能有所不同。三是不同类别的教师进行比较，例如将专任教师与行政人员的流动进行对比。这能够为地方高校教师流动的分类管理提供依据。

第七节　创新与不足

一　本书主要创新点

第一，运用跨学科（哲学、社会学、管理学、教育学等）交叉研究的方式，以问卷调查和实地访谈为基础，对地方高校教师流动的价值取向进行系统研究。

第二，本书通过分析地方高校教师流动的影响因素，从实践层面回答"为什么'会'流动"这一问题——个体、组织、外部环境导致；通过探寻其流动行为背后的价值取向，从认知层面回答"为什么'要'流动"这一问题——实现某种价值；从人本层面探索地方高校教师流动价值取向的逻辑；通过审视教师流动过程中的现实困境、价值困境及冲突，结合个体、组织、系统三方利益相关体，提出地方高校教师流动的价值原则。

第三，基于地方高校地方性、应用性、特色性等特征，对地方高校教师流动进行分类研究。同时，与部委属高校教师流动进行比较研究，具有一定的新意。

二　研究的不足之处

第一，本书在对地方高校教师流动过程中所呈现的三种主要价值取向进行分析时，难免弱化甚至忽略其他价值取向，存在一定的主观性。

第二，数据样本偏小。已公开的数据资料缺乏地方高校教师流动的分类数据，给本研究带来不便，出于客观原因，本书选取 5 所高校作为样本高校，样本数量有限，研究样本中更多的是横截面的数据，未对被调查对象进行跟踪研究，缺乏纵向研究的数据，对一些流动现象的解释力有限。

第三，国外关于弱势高校教师流动的研究成果有限，获得国外同类高校教师流动数据困难，未能进行国内外同类比较研究是本书的一大遗憾。

第二章 地方高校教师流动的现状考察

第一节 地方高校教师流动的现状分析

一 地方高校教师流动现状

改革开放以来，我国高校教师流动率有所提升，但相对于欧美国家来说，我国地方高校教师流动率偏低，我国大部分地方高校教师终身在一所学校工作，只有小部分高层次人才频繁流动。由图2-1可知，1991~2018年，我国高校教师平均流动率为15.12%，[①] 扩招后近八年时间，流动率一度上涨，2003年达到23.73%，但自从2009年之后，流动率趋于稳定，高校教师流出、流入比大体相当。由于我国地方高校占高校总数90%以上，地方高校是高等教育的重要组成部分，高校教师流动很大程度上取决于地方高校教师流动。

教师流动在地方高校具有一定普遍性，东、中、西部地方高校均有不同程度的体现。中、西部主要表现为教师的流出，2008~2014年，山西省27所地方本科院校共计3256名教师流出原单位，其中，中青年教师2442人，占总数的75%，有副教授职称教师748人，占总数的23%，已获得博士学位的158人。[②] 即使在经济发达的东部地方高校，教师流动也很常见，山东某学院2012年招聘130多名优秀高校毕业生，两年后，超过半数的教师发生了流动，剩下的教师也有部分表示了流动意愿。[③]

---

① 流动率＝（增加专任教师+减少专任教师）/本学年专任教师数×100%，平均流动率＝历年流动率之和/年份数×100%。

② 易小明：《中西部高校人才流失呈愈演愈烈之势》，《三晋都市报》2014年12月27日。

③ 吴义敏：《我国地方高校教师流失及其治理研究》，硕士学位论文，湖南大学，2012。

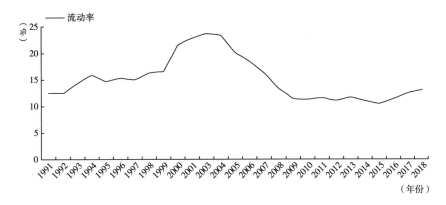

图 2-1　1991~2018 年我国普通高等学校专任教师流动率

资料来源：根据《中国教育统计年鉴（1991—2018）》中"普通高等学校专任教师变动情况"计算，其中，2002 年数据缺失。

本书中，笔者对湖北、山西、山东 5 所地方高校 658 名教师的流动情况进行问卷调查，本书将依托这些数据对地方高校教师的职业流动情况、流动的影响因素及价值取向进行分析。

1. 调查工具

（1）问卷的建立。结合国内外较为成熟的问卷量表，笔者自制了"地方高校教师流动调查"问卷。问卷由四部分构成：基本信息、流动情况、流动的影响因素、流动的价值取向。基本信息除了涵盖人口学基本统计特征信息外，还对配偶、教育经历、学术成果及参加培训等信息进行了统计。

流动情况和流动的影响因素部分参考了刘进的《中国研究型大学教师流动调查》中的相关内容，流动情况主要包括流动次数、频率、效果等信息，流动影响因素主要包括个体、组织、外部环境三方面因素（见表 2-1）。其中，基于马斯洛的需求层次理论，将个体因素分为自我发展因素、家庭因素、经济因素三个层次，参考丹尼森的组织文化模型，从参与性、一致性、适应性、目的性四个文化特性来观测组织文化对地方高校教师流动的影响。流动影响因素分问卷量表设计上，将每一个因素都细化为量表中的若干问题，采用李克特五点量表，按照影响程度，从"没有影响"到"影响很大"，依次赋值为"1"到"5"，从而更准确地测量每一因素的影响程度。

表 2-1　地方高校教师流动的影响因素指标体系

一级指标	二级指标	三级指标
个体因素	经济因素	收入、住房、保险和福利等
	家庭因素	配偶、子女、老人及亲友等
	自我发展因素	个人成长机会、自我价值实现等
组织因素	组织的物理、技术环境	工作条件和环境、研究经费、研究设备、图书馆设施等
	组织文化	参与性、一致性、适应性、目的性
外部环境因素	社会人际关系	教师与教师、教师与管理者、师生、社会关系等
	外部客观环境	自然、经济、政治环境等

注：最左列为"指标体系"。

（2）问卷量表的信度、效度分析。本书采用内部一致性信度检验影响因素问卷量表的可靠性，问卷量表整体的 α 系数为 0.964，各项指标的 α 系数均在 0.9 以上，表明本书所使用的问卷量表具有较高水平的信度（α 系数 ≥0.9，问卷量表信度最佳；α 系数 ≥0.8，问卷量表信度可接受；α 系数 ≥0.7，问卷量表需要修订；α 系数<0.7，问卷量表需要重新设计），问卷量表各项指标信度系数如表 2-2 所示。

表 2-2　地方高校教师流动影响因素问卷量表各项指标信度系数

指标体系　　项目	α 系数	项数
个体因素	0.923	13
组织因素	0.955	13
外部环境因素	0.900	8
整体指标	0.964	34

信度是效度的必要条件，而非充分条件。笔者利用因子分析模型对本问卷量表的结构信度进行检验。在运用因子模型分析之前，运用 KMO 和 Bartlett 的球形度检验方法，对问卷量表进行因子模型适应性分析，结果如表 2-3 所示，问卷量表的 KMO 值为 0.958，且 Bartlett 球形检验统计量的

Sig<0.05，各变量之间存在显著的相关性，表明问卷量表非常适合做因子分析（KMO>0.9时，效果最佳；KMO>0.7，可以接受；KMO<0.5，不宜进行因子分析）。

表 2-3　KMO 和 Bartlett 球形的检验结果

取样足够度的 Kaiser-Meyer-Olkin 度量		0.958
Bartlett 的球形度检验	近似卡方	17318.122
	df	561
	Sig.	0

对问卷量表进行因子模型适应性分析之后，利用主成分分析法对问卷量表做进一步分析，采用方差最大正交旋转法对初始因子和矩阵进行旋转，以便更好地解释因子和原始变量之间的关系，在碎石图陡坡检验的基础上确定三个因子，旋转成分矩阵显示，问卷量表的各题目的因子荷载值均在0.4以上，且只在某一个主成分上的载荷值较大，证实了本问卷量表具有一定结构效度。

2. 统计方法

本书采用社会学统计软件 SPSS 21.0 进行问卷数据录入及分析，在对问卷量表进行效度和信度检验的基础之上，根据研究需要，分别使用描述性统计、均值比较、交叉列联表分析、主成分分析、因子分析、卡方检验、相关性检验等统计方法，在数据分析过程中，有针对性地对样本高校的相关部门负责人、正在发生流动的教师、部分有流动经历或流动意愿较强的教师进行结构式访谈，在对问卷信度进一步检验的同时，探究问卷量表数据背后的原因，以便进一步发掘教师流动过程中的价值冲突。

3. 调查对象

本书对地方高校的概念进行了限定，主要指地方公立本科院校。笔者对湖北、山东、山西 5 所地方公立本科院校的教师展开抽样调查，调查过程中，以有流动经历和流动意愿较强的教师为主，比较研究的需要，也兼顾对没有流动经历教师的调查。在这 5 所样本高校中，综合类 3 所、师范类 1 所、财经类 1 所，参照武书连《中国大学评价》中的分类标准，教研 1 型 1

所、教研 2 型 2 所、教学 1 型 1 所、教学 2 型 1 所①，地区分布在湖北、山东、山西 3 省，其中 2 所位于省会城市、3 所位于地级市。在学校类型、学校参考分类、地区分布上均有一定代表性。本次调查共发放纸质问卷 800 份，回收有效问卷 658 份，有效率为 82.25%。样本的基本统计特征如下。

（1）性别：男教师 327 人，占总数的 49.7% 人，女教师 331 人，占总数的 50.3%。男女教师比例基本相当。

（2）年龄：35 岁以下教师 220 人，占总数的 33.4%，36~45 岁教师 285 人，占总数的 43.3%，46~55 岁教师 130 人，占总数的 19.8% 人，56 岁以上教师 23 人，占总数的 3.5%。本书调查对象为在职、在岗教师，离、退休教师不在计算之列。

（3）政治面貌：中共党员 445 人，占总数的 67.6%，其他民主党派 49 人，占总数的 7.4%，无党派人士（民主人士）33 人，占总数的 5.0%，群众 131 人，占总数的 19.9%。

（4）职称：未定职称教师 44 人，占总数的 6.7%，初级职称教师 102 人，占总数的 15.5%，中级职称教师 299 人，占总数的 45.4 人%，副高职称教师 160 人，占总数的 24.3%，正高职称教师 53 人，占总数的 8.1%。中级及以下职称累计占比 67.6%，副高及以上职称累计占比 32.4%。

（5）学历：本科及以下学历教师 87 人，占总数的 13.2%，硕士学历教师 351 人，占总数的 53.3%，博士学历教师 220 人，占总数的 33.4%。

（6）工作角色：专任教师 489 人，占总数的 74.3%，行政人员 73 人，占总数的 11.1%，教学兼行政人员 55 人，占总数的 8.4%，教辅人员 39 人，占总数的 5.9%，工勤人员 2 人，占总数的 0.3%，如果将教学兼行政人员并入专任教师一类，占比为 82.7%，将教辅人员、工勤人员并入行政人员，

① 武书连按科研规模和学术水平将中国大学分为研究型、研究教学型、教学研究型、教学型四类，每类型又细分为 1、2 两个层次。研究 1 型：教师平均学术水平高于研究型大学平均水平；研究 2 型：不属于研究 1 型标准的研究型大学。研教 1 型：教师平均学术水平高于研究教学型大学平均水平；研教 2 型：不属于研究教学 1 型标准的研教型大学。教研 1 型：在教育部组织的本科教学工作评估中结论为优秀的教研型大学；教研 2 型：在教育部组织的本科教学工作评估中结论为良好或合格的教研型大学。教学 1 型：在教育部组织的本科教学工作评估中结论为优秀的教学型大学；教学 2 型：在教育部组织的本科教学工作评估中结论为良好或合格的教学型大学。具体参见武书连主编《挑大学 选专业——2016 考研择校指南》，中国统计出版社，2015，第 9 页。

占比 17.3%。

（7）婚姻状况：已婚教师 572 人，占总数的 86.9%，未婚教师 86 人，占总数的 13.1%。

研究发现，在这 658 名被调查对象中，有 210 名教师有过流动经历，占总数的 31.9%，其中，更换一次、更换两次、更换三次、三次以上的教师数分别为 160 人、32 人、10 人、7 人，占比分别为 24.3%、4.9%、1.5%、1.1%，更换一次的人数最多，占流动数的 76.2%。有流动经历的教师中，男性教师 118 人，占 56.2%，女性教师 92 人，占 43.8%，男性教师流动率高于女性教师。职称方面，中级职称以下教师 38 人，占同级职称总数的 26.0%，中级职称 92 人，占同级职称总数的 30.8%，副高职称 58 人，占同级职称总数的 36.3%，正高职称 22 人，占同级职称总数的 41.5%，表明职称与流动呈正相关关系，职称越高，其流动率越高。在 13 大学科门类中，流动率居前三的分别是文学（43.1%）、医学（42.1%）、法学（41.4%），排在后三位的是艺术学（26.2%）、工学（24.1%）、历史学（9.1%），其中，两次以上（含两次）流动次数累计百分比较高的前三位依次是哲学（14.3%）、法学（13.7%）、医学（10.6%）。

二　地方高校教师流动的两种主要类型

地方高校教师流动按照不同的分类标准，可以分为不同的流动类型。时间上可以分为长期流动与短期流动，空间上可以分为国际流动与国内流动，范围上可以分为校际流动与校内流动，职业上可以分为职业内流动与职业间流动，还可以按照是否发生物理流动分为显性流动与隐性流动。其中，校际流动与职业间流动成为研究者关注的热点，流动方向上又包含流入与流出。

1. 校际流动

社会分层是地方高校教师校际流动的基础，而个体能力差异则是其流动的根本原因。美国著名社会学家戴维·格伦斯基认为，社会不平等的多样性导致没有一个社会是"无阶级的"，或者不分层的。社会分层的主要功能是配置和激发社会结构中的个人，一个社会必须用某种方法把成员分配到不同的社会位置上去，并诱使他们去承担相应位置的责任，形成一种有效的机制；一个社会必须具备可以作为诱因的报酬和根据位置的不同来对报酬进行分配的途径，这些报酬和分配因此成为社会秩序的一部分，社会分层因此产生。① 我国普通高等学校按照不同的分类依据可以分为不同层次的学校，如一些学者根据学校隶属关系将普通高校分为部委属高校和地方高校，这两大类高校教师整体素质要求有一定差异，如果地方高校里部分优秀教师的综合素质远超过其同事的平均水平且趋于接近高一层次学校的教师要求，从原地方高校流动到高一层次学校，可能是他们的一种理性选择，社会不平等就是在保证最重要的位置上有最胜任者的过程中不知不觉地发展起来的设置，这种社会不平等加大了高等学校场域中弱势高校获取优秀教师资源的难度，大量地方高校教师流动到其他高校，地方高校成为高等教育系统中校际（包括科研院所）流动的主要"输出地"。

2. 职业间流动

社会分工是地方高校教师职业间流动的基础。相关学者认为，社会类似于生物有机体，社会系统中的各种不同机构或部分都发挥着不同的功能，以维持整个社会的健康发展——类似于人体内器官所发挥的功能。他还认为社会中会有不平等，包括外部不平等和内部不平等，外部不平等是建立在个人出生的社会条件基础上，内部不平等是建立在个人能力基础上，内部不平等支配外部不平等对于维持社会团结最为重要，为了使社会系统能够正常运转，必须根据个人才能安排最适当的位置，如果外部不平等被强加于个人身上，强制他们发挥其功能可能是一种不完美的团结。② 在地方高校教师群体中，一部分教师，尤其是中青年教师，在经过一段时间角色适应期后，他们发现自己还是不能完全融入到高校教师这一职业角色当中，在现有岗位上并不能充分发挥其个人潜能，他们会考虑流动到其他行业，职业间流动得以实现。高校教师发生职业间流动的原因是多样的，部分教师出于追求其他行业相对较高的物质报酬，或是不满于相对安逸的现状，或是被动流动。

根据图 2-2，1991~2018 年，减少专任教师数（包括自然减员、调离教师岗位和其他减员）占专任教师总数的 4.80%，调离教师岗位数占减少专任教师数的 23.32%，调离教师岗位数占专任教师总数的 1.11%，高校教师职业间流出数占减少专任教师总数的比例接近 1/4，因地方高校数量占高校

---

① 〔美〕戴维·格伦斯基编《社会分层》，王俊等译，华夏出版社，2005，第 38~39 页。
② 〔美〕哈罗德·R. 克博：《社会分层与不平等》，蒋超等译，上海人民出版社，2012，第 116~118 页。

总量的 90% 以上，可以推断地方高校教师发生职业间流出的比例可能与这个比例相当，进一步比较发现，20 世纪末最后十年以上三项比例（6.94%、25.38%、1.76%）分别高于 21 世纪前 18 年的比例（4.11%、22.67%、0.93%），究其原因，高校扩招后高校教师数净增，专任教师总量急剧增加，而减少专任教师数没有显著增加。

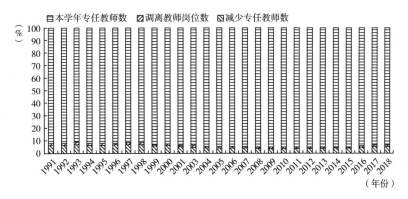

图 2-2　1991~2018 年我国普通高等学校减少专任教师及调离教师岗位情况

资料来源：根据《中国教育统计年鉴（1991—2018）》中"普通高等学校专任教师变动情况"计算，其中，2002 年数据缺失。

由表 2-4 可以看出，有 31.5% 的教师更换过工作。由于在高校扩招过程中，一定比例的中等教育系统的教师被补充到高等教育系统中，如果我们将这部分教师的职业流动视为校际流动的话，那么校际流动的比例为 19.3%，占流动总数的 61.3%，职业间流动的比例为 12.2%，占流动总数的 38.7%。

表 2-4　地方高校教师更换工作情况

单位：人，%

		频次	百分比	累计百分比
有效	中学、中专到本单位	44	6.7	6.7
	其他高校到本单位	83	12.6	19.3
	政府、企事业单位到本单位	41	6.2	25.5
	其他调转	39	5.9	31.5
	没有更换	451	68.5	100.0
	合计	658	100.0	

三 地方高校教师的流动路径

一直以来，教育不公平是困扰地方高校发展的核心问题。不公平或不平等的根源是中心与外围的分化。不平等性是中心—外围理论的三个基本特征之一（整体性、差异性、不平等性），这一理论在经济学界被广泛运用，用来解释资本主义经济体系中的发达国家与发展中国家发展失衡现象。这一理论越来越多地被运用于社会学、政治学、教育学等领域，用来解释这些领域中存在的差异性和不平等性。对于地方高校教师流动，这一理论也有一定的解释力。根据文献梳理，地方高校教师流动主要表现为三条路径。

1. 经济外围—经济中心流动：从经济不发达或欠发达地区向经济发达地区流动

由于我国区域经济的非均衡发展，东部地区经济发展优势明显，而且与中、西部地区经济发展水平的差距有扩大的趋势。这就使得地方高校教师在不同区域之间的流动很不平衡，由中、西部不发达或欠发达地区向东部发达地区流动的教师人次增多。

在我国，不同区域地方高校教师的薪酬存在差异。麦可思研究院 2014 年调查数据显示：超七成地方高校教师月收入在 5000 元以下。其中华东、华南地区高收入教师比例略高，华东、华南地区月收入在 5000 元以上的群体分别占 40% 和 36%，而西南、西北地区这一群体所占比例不足两成，华中地区有 40% 的地方高校教师月收入在 3000 元以下，但在华东地区，这一群体仅占 21%。① 整体来说，华东、华南地区地方高校教师的收入要高于华中、西南、西北地区。徐建华、吴琼对 3 所地方高校（包括 1 所综合性大学、1 所师范类大学、1 所高职类院校）进行调查，数据显示，3 所地方高校在 2006~2008 年三年共流出 126 位教师，其中，流向北京、上海、广州等国内发达地区的教师占 46.83%。②

2. 政治外围—政治中心流动：从地级市向省会城市、直辖市流动

出于历史原因，我国高等教育资源在各级城市之间分布不均衡。新中

---

① 麦可思研究院：《教师生存状况调查》，《麦可思研究》2014 年第 9 期。
② 徐建华、吴琼：《高校教师流动调查》，《教育与职业》2010 年第 34 期。

国成立之前，我国已经建立的 200 余所高校主要分布在北京、上海、南京等城市。新中国成立之后，我国新建了一批大学，形成 6 大高教基地，分别是华北（北京与上海）、华东（上海与南京）、东北（沈阳）、西北（西安）、西南（成都与重庆）和中南（武汉）。① 这些新建高校主要集中在省会城市和直辖市。整体上看，高等院校的区域分布不均衡存在于省级行政区域之间，高校集中分布在省会城市和大城市，重点高校尤其如此。高校在省会城市、直辖市与地级市之间分布不均衡，省会城市、直辖市分布密度过大，尤其在经济发展相对滞后的省会城市过分集中，在地级市的分布密度偏低。②

由于省会城市、直辖市得天独厚的经济、政治优势，教育资源也相对丰富，位于这一区域的高校，对那些在地市级地方高校工作的教师具有很强的吸引力。

3. 学术外围—学术中心流动：从地方高校向中央部委所属高校流动

在高等教育场域中，学术市场也存在劳动力市场分割现象。学术劳动力市场的一级市场具有高工资、工资外收益多、参与科研与产业活动多、处于学术中心等特点，学术劳动力市场的二级市场则具有工资低、工资外收益少、流动机会少、以教学为主等特点。我国的地方高校大多属于教学型或教学科研型高校，处于学术劳动力的二级市场，中央部委所属高校，尤其是"985 工程""211 工程"大学则处于学术劳动力市场的一级市场。相对于中央部委属高校来说，地方高校的科研水平与科研能力还有很大差距，但学术是高校教师的职业要求，地方高校教师也是如此，教学也离不开学术研究，在地方高校，虽然存在为了职称晋升而功利性地进行学术研究的现象，但大部分地方高校教师还是对科研或学术研究有浓厚的兴趣的，当他们积累了一定的学术成果，获得了更高的学位之后，发现现单位已经不能满足其学术发展的需求，他们会向一些处于一级学术市场的中央部委属高校流动。

---

① 薛颖慧、薛澜：《试析我国高等教育的空间分布特点》，《高等教育研究》2002 年第 4 期。
② 赵宏斌等：《我国高校的区域分布研究：基于人口、GDP 的视角》，《高等教育研究》2007 年第 1 期。

第二节　地方高校教师流动的特殊性分析

地方高校作为高等教育的重要组成部分，具有不同于中央部委属高校的特性，地方高校教师的流动也必然不同于中央部委属高校，本节首先对地方高校的特性加以分析，然后在此基础上将地方高校教师流动与中央部委属高校教师流动情况进行对比分析，探讨地方高校教师流动的特殊性。

一　地方高校的特性

地方高校不仅具有现代大学的三大基本特征，而且与"地方"息息相关，地方参与投资与管理，位于地方并服务地方，因此地方高校具有自己的独特性。

1. 地方性

由于地方高校是由地方政府投资并主管的，办学经费主要源于地方财政，地方高校办学理应服务于地方，为地方区域经济发展做出贡献。地方区域经济往往特色各异，区域经济发展的特点直接影响到办学的特色，地方高校的办学目标、专业设置、课程体系都被打上"地方"的烙印。[①] 为地方培养地方经济发展所需的各类人才是地方高校的主要职责，地方高校着眼于地方的经济结构和产业层次，不断调整教学内容与专业设置，注重区域性专门人才的培养。地方高校生源主要来自本省，当地生源一般占60%以上，他们熟悉、了解本地经济、社会、文化特征，毕业之后能够更快更容易地融入地方、服务地方。地方高校教师群体中，来自当地的教师也占有很大比例，有利于地方高校教师开展教学、科研、社会服务工作。

2. 应用性

中央部委属高校与地方高校肩负不同的历史使命。部委属高校肩负着为国家战略发展服务的历史使命，重点解决我国在经济、科技、社会发展过程中所面临的全局性、前瞻性难题，着重培养各类研究型精英人才，也是科技、知识创新的摇篮。地方高校肩负着为本区域经济、社会发展服务

---

① 叶芃：《地方高校定位导论》，湖北人民出版社，2007，第69页。

的历史使命，重点解决区域经济发展过程中所面临的现实问题，培养地方所需要的应用性人才。2014 年 6 月，国务院印发的《关于加快发展现代职业教育的决定》进一步明确了要引导地方普通高校向应用型高校转型，应用型是地方高校的必然选择。从我国经济发展的状况来看，我国正处于经济优化阶段，中间层次人才需求急剧增加，应用型人才数量严重短缺，一定程度上与地方经济发展水平不相适应。地方高校要充分考虑区域经济发展的特点，运用市场机制的手段，因地制宜地调整教育资源，加强应用型学科专业建设，为地方支柱产业输送急需人才。[①]

3. 特色性

办学特色是地方高校发展的生命之源，没有一定特色，地方高校将无法坚持可持续发展。地方高校发展到一定阶段，要想脱颖而出，必须具有一定的特色，要力争做到"人无我有，人有我优，人优我特，人特我高"。地方高校的办学特色主要体现在两个方面。一方面是人才培养特色。地方高校在人才培养上树立特色化质量观，扬长避短，注重人才的应用性，尤其重视学生实践动手能力的培养，要以地方区域经济社会发展需求为导向，在专业设置上不断进行调整，形成符合地方区域经济发展的人才培养特色。另一方面是学科特色。地方高校在办学定位上不要盲目和中央部委属高校攀比，部委属高校注重知识的原创性，地方高校注重技术的发明、革新应用，但这并不意味着地方高校就低人一等，相反，地方高校要将劣势转化为优势，适应地方经济建设的需要，在学科专业上形成一定的特色。在我国高等教育管理体制改革过程中，一大批国家各部委所属高校划归为地方管理，这些地方高校的学科专业具有很强的行业特色，这类地方高校要继续坚持自己的特色，在原有基础之上，建立自己的品牌学科和优势学科专业群，并形成一定的特色学科体系，为培养符合区域经济发展的特色人才奠定基础。[②]

---

① 徐同文、房保俊：《应用型：地方高校人才培养的必然选择》，《高等教育研究》2012 年第 6 期。

② 白莉、韩影、张纯明：《地方高校办学定位与发展对策》，《现代教育管理》2010 年第 10 期。

二 地方高校与中央部委所属高校教师流动的对比分析

地方高校与中央部委属高校是我国高等教育的两大组成部分，其相同的高等教育属性决定了两类高校教师的流动具有一定的共性。又由于地方高校的地方性、应用性、特色性等特点，地方高校教师流动有着区别于中央部委属高校教师流动的个性。

根据文献梳理，"外围—中心"理论不仅能很好地解释中央部委属高校教师的流动路径，对地方高校教师流动也同样具有一定的解释力。其基本理论包括三个方面：政治外围—政治中心、经济外围—经济中心、学术外围—学术中心，但其具体表现形式略有差别。

将已有研究成果与本书的研究发现进行对比，地方高校与中央部委属高校教师流动的差异主要体现在以下几个方面。

1. 地方高校教师流动具有一定的"地方性"，国际流动较少

"地方性"是地方高校最明显的特征，地方高校是为了地方区域经济发展培养应用性人才，这一特征对地方高校教师流动也有一定的影响。在流动范围上，地方高校教师主要限于国内流动，调查结果显示，有过国际流动经历的地方高校教师数量很少，在一些地方高校，尤其是位于地级市的地方高校，几乎没有教师有过国际流动经历。在流动区域上，主要表现为由经济不发达或欠发达地区向经济发达地区流动、地级市向省会城市和直辖市流动。在部委属高校，有过国际流动经历的教师占有一定比例，其中，从海外归国任教的教师占有相当比例。近年来，一些部委属高校为了提高教师的整体质量，在人才引进过程中，注重人才的海外学习、工作经历，这些人才回到国内的部委属高校，往往会拥有"低职高聘"待遇。①

2. 地方高校教师流动的"学术性"不及部委属高校

"学术性"流动不同程度地存在于地方高校与中央部委属高校。在地方高校，非学术性因素导致的流动经常是主导因素，调查中，发现地方高校教师的"学术性"流动比例偏低，三项学术性因素（研究设施、从事研究的机会、获得科研课题的机会）得分累计百分比为 12.0%，而其他非学术

---

① 刘进、沈红：《中国研究型大学教师流动频率、路径与类型》，《复旦教育论坛》2014 年第 1 期。

性因素成为地方高校教师流动的主要因素。而在部委属高校，教师流动的核心目标是促进学术职业发展，非学术性因素对教师流动的影响相对较小。根据刘进等的研究结论，收入等非学术性因素并非部委属高校教师流动的核心影响因素，相对来说，教师更看重学校声望、科研平台，而在学校与学科之间，教师更看重自己所从事的学科。教师的流动不局限于国内流动，国际的职业流动时有发生，且他们的流动只限于一级学术劳动力市场（主要指部委所属高校，尤其是"985工程""211工程"大学），向二级学术劳动力市场（普通地方高校）流动的比例很小，可以忽略不计。

3. 地方高校教师流动频率低于部委属高校

地方高校教师流动人次在总量上远远超过部委属高校，但人均流动率却不及部委属高校。本书调查的658名教师中，有流动经历的教师占总量的31.9%，但在部委属高校有四成以上的教师有过流动经历。根据中国科技工作者家庭状况数据计算，科研院所与大学教师总的流动比例为40.6%，其中，部委属高校教师流动比例为44.6%，地方高校教师流动比例为38.1%。地方高校教师的流动率要低于平均流动率，更低于部委属高校教师的流动率。刘进等的研究也表明处于高学术声望学术机构的大学教师，其流动率显著高于处于低学术声望学术机构的大学教师。[1] 这些研究都表明地方高校教师的流动频率要低于部委属高校教师的流动频率，这很大程度上与地方高校教师的流动能力有关。

第三节　主要结论

本章对地方高校教师的教师流动现状及其特殊性进行了描述和分析，得出以下结论：教师流动在地方高校是一个常见现象，但整体流动率相对偏低；从流向上看，地方高校教师流动的"流出"特征较"流入"更加明显，且带有一定的区域特征，中、西部地方高校以"流出"为主，东部地区的"流入率"略高于"流出率"；流动类型上，当前地方高校教师流动主要表现为校际流动和职业间流动两种类型，地方高校成为高等教育系统中

---

[1]　刘进、沈红：《中国研究型大学教师流动频率、路径与类型》，《复旦教育论坛》2014年第1期。

校际（包括科研院所）流动的主要"输出地"，校际流动较职业间流动有明显优势；流动路径上，从不发达或欠发达的经济外围地区向发达的经济中心地区流动，从位于政治外围的地级市向位于政治中心的省会城市、直辖市流动，从处于学术外围的地方高校向处于学术中心的中央部委属高校流动。与中央部委属高校相比，地方高校教师流动体现出限于国内流动、学术性流动率偏低、流动频率不高等特征。

第三章　地方高校教师流动的影响因素

　　教师流动本质上是教师能动地改造和探索客观世界的社会性实践活动。它包含两层含义，一是作为一种对象性的活动，它必须以人为主体，充分考虑实践行为主体的自主性。人在不断的实践中把握事物发展规律，充分发挥主体对客体的能动作用，使物按照人的方式与人发生关系，实现人的主观愿望。二是教师的实践行为具有一定的物质性、客观性。人的实践行为受制于一定的物质条件、客观条件，实践客体对主体的实践行为有一定制约作用，人通过多次实践行为仍不能使自身利益和需求得到满足时，必须检验自身的愿望、目的是否符合客观实际，并作适当调整。因此，在实践层面上，影响地方高校教师流动的因素也需要从实践主体的能动作用和实践客体的制约作用两方面来考虑。本章主要研究教师流动的缘由、因素，结合问卷调查、实地访谈，从实践层面回答教师"为什么会流动"这一问题。

　　地方高校教师流动受多方面因素的影响，既不同于计划经济下的人事"调动"，也不同于西方发达国家的人才自由"流动"，教师流动是个体、组织、外部环境多因素交互作用的结果。其中，个体因素是地方高校教师流动的直接影响因素，教师个体基于不同的需求和利益发生职业流动。物质需求是最直接的利益驱动，主要表现为以货币形式支付的劳动报酬，即工资收入，和以非货币形式支付的劳动报酬，即福利待遇。教师个体的家庭状况是必须考虑的另一个客观因素，具体包括来自配偶、子女、老人等方面的影响。教师个体具备一定的流动能力和实现某种价值的需求是教师流动的前提条件。提供教学、研究条件和授权颁发学位的地方高校组织对教师流动有重要影响。地方高校的物理、技术环境对教师流动产生显性作用，教学、研究条件直接影响教师的工作积极性；非正式组织的文化环境潜性影响教师流动。教师个体所处的外部环境也对教师流动有很大影响。教师个体的社会人际关系对教师的流入、流出都有一定影响，个体所处的自然、经济、政治等客观环境也影响教师流动。考虑到个体、组织、外部环境因素对教师流动发生作用的方式有所不同，本章分别对这三类影响因素进行理论与实证分析。

第一节 个体因素引起的教师流动

地方高校教师是人力资本较高的资本载体，他们不仅对物质有一定的要求，也有一定的精神追求。其人力资本投资过程涉及多方主体的利益，其中最为重要的是家庭的投入和支持，因为成为高校教师的职业门槛相对较高，其人力资本投资过程也相对较长，投资成本也相对较大。当前，我国基础教育阶段实施的是九年义务教育，虽然国家承担了大部分的受教育成本，但也离不开家庭的经济投入，高中以后的教育完全是由受教育者承担的（实际上是由其家庭承担）。教育成本主要包括接受教育所支付的费用、生活成本、上学期间放弃的收入、时间成本等。因此，引起地方高校教师流动的个体因素既包括来自自身的内部因素，也包括来自家庭的外部因素。本书将个体因素分解为经济因素、家庭因素和自我发展因素，并进一步对每一因素细化。主要包括收入、住房、保险和福利、家庭及亲友、自我发展等。马斯洛将人的动机归结为由多种动机组成的一个层次系统。从最基本的出发，它们是生理需要、安全需要、情感归属需要、尊重需要以及自我实现需要。结合马斯洛需求层次理论，绘制了地方高校教师需求层次理论图（见图3-1）。

一 经济利益的驱动

影响地方高校教师流动的经济因素主要包含两大类。一是用人单位以货币形式支付给教师的劳动报酬，即工资或薪资。二是用人单位支付给教师的非货币劳动报酬，统称为福利待遇。按照这种分类，本书将影响地方高校教师流动的经济因素分为：收入、住房、保险和福利等。按照马斯洛的需求层次理论，生理需求被看成是动机理论的出发点。[①] 只有最低层次的需求得到一定满足之后，新的需求才会出现。这里的生理需求并非生物学

---

① 〔美〕马斯洛：《马斯洛谈自我超越》，石磊编译，天津社会科学院出版社，2014，第8页。

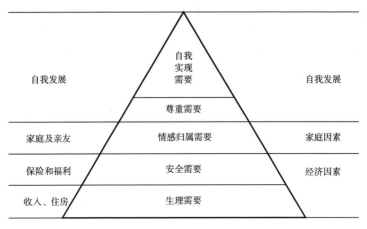

图 3-1　地方高校教师需求层次理论

意义上的狭义概念，能够确保基本生活的条件都可以归为生理需求。

　　对于地方高校教师来说，能够确保其正常生活、工作、学习的基本生理需求就是吃、穿、住等。由于大多生活物资都可以实现货币化，这里将地方高校教师的生理需求主要归为收入与住房需求。当问及"您到本单位工作的原因（多选）"时，只有 18.8% 的教师认为"工资"因素是其入职原因之一，难道地方高校教师不看重经济收入？实际情况并不是这样，我们能从下面的数据中找到答案。2012 年 4 月 3 日，《纽约时报》发表了芝加哥大学教授菲利普·阿特巴赫题为《一名教授值多少?》的文章，该文是美国福特基金会项目（学术职业变革国际调查与研究项目）的阶段性研究成果之一，其中，华中科技大学的沈红教授是该项目中国区的负责人。项目组基于对全球 28 个国家公立高校教师收入情况的调查结果，再按照购买力评价进行排序。结果显示：加拿大、意大利、南非、印度和美国依次位于榜单前 5 位，月平均工资都在 6000 美元以上，加拿大高校教师和新入职教师的月平均工资分别是中国教师的 10 倍和 22 倍，中国高校教师的月平均工资为 720 美元，新入职教师月平均工资仅为 259 美元，中国高校教师成为全球"最廉价"教师。除此之外，中国高校教师还存在明显的"两极分化"。高职称、承担科研项目较多的教师，其总收入相对较高，重点大学、优势专业的高校教师获得更多的社会兼职机会，潜在收入相对较高。而作为中国高校教师队伍主力军的中青年教师群体，受职称、项目等客观条件限制，其整体收入还处于较低水平。[1] 2014 年教育部统计数据显示，普通高等学校专任教师总数为 1534510 人，其中 45 岁及以下中青年教师总数为 1099512 人，占总数的 71.65%，45 岁及以下的副高级以下职称（含中级、初级、未定职级）教师总数为 823512 人，占总数的 53.67%。也就是说，一半以上的高校教师到了 45 周岁，其收入还处于较低水平。中青年高校教师的生活状况的确令人担忧，地方高校中青年教师更是如此。本调查中的被调查对象中青年教师数为 505 人，占总数的 76.7%。这样看来，当前地方高校教师薪资缺乏一定竞争力和吸引力，这样也就不难理解为何只有 18.8% 的教师认为工资会影响其职业流动了。

当进一步问及"以下个人因素对您（可能）更换工作（择业）的影响"时，"个人总收入"的均值为 3.88，其中"影响很大"和"影响较大"的累计百分比为 68.7%，这一结果进一步证实了收入状况对地方高校教师发生职业流动的影响显著。"潜在收入"均值为 2.45，明显低于"个人总收入"的得分，说明地方高校教师的科研项目经费、社会兼职所得等工资外收入所占比重不大。

在我国"有房才有家"的传统观念影响下，住房被认为是生活的重要组成部分，住房不仅是地理意义上的家庭所在地，更是家庭成员心灵的港湾。"住房"因素的均值为 3.73。其中，63.1% 的教师认为住房对其职业流动"影响很大"或"影响较大"。依此看来，收入与住房是地方高校教师生理需求的重要部分，并影响其职业流动。

高校教师虽然薪资不高，但高校教师职业的认同度相对较高，大学教师一直以来是高校毕业生的理想职业之一。61.7% 的被调查者承认大学教师的工作性质是其入职的原因之一。在某种程度上，他们更看中的是高校教师的"体制内"身份。长期以来，普通高等学校一直被视为政府的延伸机构，其薪资、福利也都参照公务人员的相关标准，其保险和福利待遇还具有一定的竞争优势。调查中，"保险和福利"得分的均值为 3.71。62.0% 的教师认为保险和福利对其职业流动"影响很大"或"影响较大"。说明计划经济体制下的高校人事制度的影响还将长期存在，在机关事业单位人事制度改革彻底完成之前，加之我国社会保障制度严重滞后，这一影响无疑成

---

① 刘尧、闫志刚：《透视高校教师薪酬状况》，《教育与职业》2013 年第 4 期。

为高校教师自由流动的制度障碍，因为当前体制内的保险和福利政策能为高校教师提供相对较多的安全感。按照需求层次理论，安全需要是生理需要的高一级动机与愿望，较低层次的需求得到满足后，新的需求才会出现。但上文调查结果显示，地方高校教师的收入、住房等生理需求并没有得到很好的满足。调查结果似乎违背了本书的理论假设。其实不然，这是对需求层次理论的误解，误以为这五种需求是一把梯子，认为相互间是全或无的关系。"如果一种需求得到满足，那末，另一种需求就会出现。"[①] 这样的陈述似乎给人以假象，好像只有一种需求得到百分之百的满足之后，更高一级的需求才会出现。实际情况是，在正常情况下，我们大多数人所有的基本需求得到部分满足，部分却得不到满足。当我们逐次探求优势层次，应按照降低满足的百分比来对这个层次加以说明。误解的情形只有在某种极端情况下才会出现。

二　家庭情感需求的满足

生理需要和安全需要得到一定程度满足后，爱与情感归属的需要会成为新的需求中心。当个人强烈感觉到缺乏来自家人、朋友、同事的关怀时，他渴望在团体中与团体成员有着深厚的情感，这时，他希望得到的爱胜于其他东西。爱的需求是双向的，包括给别人以爱和接收别人的爱，缺爱和吝啬爱都是爱的不良状态。高校教师是人力资本较高的主体，其人力资本投资成本也相对较高，按照"谁投资，谁受益"的原则，高校教师自己只是受益主体之一，其家庭甚至家族的付出是必不可少的，理应成为受益主体之一。这就使得地方高校教师在流动过程中不得不考虑家庭因素，也包括亲友。调查中，有43%的被调查者认为家庭因素是其择业的主要考虑因素之一。为了观测家庭因素对不同性别教师的流动影响是否有差异，本书对相关样本进行卡方检验，检验 P 值为 0.014，因此拒绝原假设，在 0.05 的显著水平上，认为家庭因素对不同性别的地方高校教师流动的影响差异显著（见表 3-1）。

---

① 〔美〕马斯洛：《人的动机理论（下）》，陈炳权、高文浩译，《经济管理》1981 年第 12 期。

表 3-1 家庭因素对不同性别的地方高校教师流动影响的卡方检验

	值	df	渐进 Sig.（双侧）	精确 Sig.（双侧）	精确 Sig.（单侧）
Pearson 卡方	6.067[a]	1	0.014		
连续校正[b]	5.685	1	0.017		
似然比	6.077	1	0.014		
Fisher 的精确检验				0.015	0.009
线性和线性组合	6.057	1	0.014		
有效案例中的 N	658				

a. 0 单元格（0.0%）的期望计数少于 5。最小期望计数为 140.64。

b. 仅对 2×2 表计算。

结合表 3-2，可以看出，47.7% 的女性教师承认家庭因素会影响其择业，高于男性接近 10 个百分点，男性只有 38.2%。这一结论符合我国传统的"女主内，男主外"的家庭观念，女性愿意为家庭投入更多的情感和精力。传统的以男性为中心的家庭价值观对现代女性仍然有一定影响，家庭生命周期的发展使女性的压力源会不断变化，从以个人为中心的工作、恋爱等问题向以家庭、他人为中心的经济与子女等问题转移。①

表 3-2 家庭因素对不同性别的地方高校教师流动影响交叉研究

单位：人,%

			家庭因素		合计
			否	是	
性别	男	计数	202	125	327
		性别中的百分比	61.8	38.2	100.0
		家庭因素中的百分比	53.9	44.2	49.7
	女	计数	173	158	331
		性别中的百分比	52.3	47.7	100.0
		家庭因素中的百分比	46.1	55.8	50.3

---

① 包蕾萍、徐安琪：《当代城市女性家庭压力研究》，《妇女研究论丛》2007 年第 3 期。

续表

		家庭因素		合计
		否	是	
	计数	375	283	658
合计	性别中的百分比	57.0	43.0	100.0
	家庭因素中的百分比	100.0	100.0	100.0

既然家庭因素直接影响地方高校教师流动，那它又是怎样发生作用的呢？因此，本书进一步将家庭因素分解为配偶因素、子女因素、老人因素及亲友因素。由表 3-3 可以看出，配偶、子女、老人、亲友都对教师流动有一定影响，均值都在 3 以上，其中，子女的教育机会与环境、赡养老人、配偶的工作地点对教师流动的影响最为显著，均值依次为：3.70、3.62、3.60。

表 3-3　家庭因素对地方高校教师流动影响的描述统计

单位：人

	N	极小值	极大值	均值	标准差
配偶的工作地点	658	1	5	3.60	1.085
配偶的发展机会	658	1	5	3.49	1.091
配偶的收入	658	1	5	3.40	1.077
子女的教育机会与环境	658	1	5	3.70	1.105
赡养老人	658	1	5	3.62	1.107
与亲戚朋友的距离	658	1	5	3.35	1.133
有效的 N（列表状态）	658				

"百年大计，教育为本"这句耳熟能详的标语足见我国家庭对教育的重视程度，教育支出历来在家庭支出中占有相当大比重，越是经济落后的地区，这一比重更大。20 世纪 80 年代开始的计划生育政策实施以来，我国育龄儿童明显减少，独生子女家庭剧增，因"不想输在起跑线上"，父母都希望为子女创造更好的教育机会和教育环境，有着高等教育背景的地方高校教师群体更能体会到教育机会与环境对孩子成长的重要性。

赡养、照顾老人是我国的传统家庭美德，有子曰："孝弟也者，其为仁之本与!"强调孝顺父母、顺从兄长是做人的根本。[①] 子曰:"今之孝者,是谓能养。至于犬马,皆能有养。不敬,何以别乎?"如果连父母都不赡养的人,和狗、马有什么区别呢?[②] 百善孝为先。而"父母在,不远游"更能恰当描述赡养老人对地方高校教师职业流动的影响。他们不仅深谙赡养父母是其不可推卸的责任与义务,更希望能身体力行地去赡养、照顾父母。

配偶是家庭成员的重要组成部分,是其他亲属关系(血亲、姻亲)赖以生存的基础,因此,配偶双方在同一座城市工作是双方在择业、嫁娶时首要考虑的因素。夫妻双方在同一城市工作对家庭生活、子女上学、赡养老人等各方面都有正面影响。本书对已婚教师进行统计,发现是否在同城工作对地方高校教师流动影响显著。86.8%的教师认为配偶的工作地点会影响其职业流动,对和配偶两地分居的教师的影响更为显著,回答"影响较大"和"影响很大"的累计比例为64.4%,而在同城工作的教师这一比例为49.7%。

另外,子女的教育机会与环境、赡养老人、配偶的工作地点这三类家庭因素之间具有某种内在联系。相关性检验结果表明这三类因素在 0.01 水平(双侧)上显著相关,相关系数 R 值均大于0.5(见表3-4)。表明在家庭本位的中国社会,亲属强关系是家庭成员发生职业流动的重要影响因素。

表3-4　配偶的工作地点、子女的教育机会与环境、赡养老人相关性检验

单位:%

		配偶的工作地点	子女的教育机会与环境	赡养老人
配偶的工作地点	Pearson 相关性	1	0.531[**]	0.509[**]
	显著性(双侧)		0	0
	N	658	658	658
子女的教育机会与环境	Pearson 相关性	0.531[**]	1	0.674[**]
	显著性(双侧)	0		0
	N	658	658	658
赡养老人	Pearson 相关性	0.509[**]	0.674[**]	1
	显著性(双侧)	0	0	
	N	658	658	658

** 表示在 0.01 水平(双侧)上显著相关。

---

① (明)张居正:《张居正讲解〈论语〉》,中国华侨出版社,2009,第 3 页。
② 钱逊编《论语初级读本》,郭沂、温少霞译,商务印书馆,2007,第 31 页。

三　自我价值的实现

较高层次的需求是尊重需求和自我实现的需求。所有人都希望有自尊和为他人所尊重，得到他人的认可。这就要求我们的工作得到别人肯定，我们正在干称职的工作，即什么样的角色就应该干什么样的事，只有这样我们才会感到快乐。在这个意义上，尊重的需求与自我实现的需求有诸多重合，或者说是相得益彰。根据研究需要，本书姑且统称为自我发展的需求，在地方高校场域中，教学业务能力和科研成果是评价教师是否称职的最主要的两大指标，都离不开学生、同行、相关管理部门以及社会对他们业务能力和科研能力的综合评价，自我价值的实现过程也是获得他人尊重以及自尊的过程。当地方高校教师的自我价值不能得到很好的实现或者尊重需求达不到理应的满足程度时，换句话说，所在组织已经无法为他们提供更好的自我价值充分实现的机会或条件时，教师发生职业流动是他们的理性选择。调查显示，"个人成长机会"与"自我价值实现"对地方高校教师流动影响的得分均值分别为 3.87 和 3.89。可以看出，和其他研究型大学一样，地方高校教师很关注个人成长的机会与自我价值的实现，但本书同时发现因"研究设施""从事研究的机会""获得科研课题的机会"而来到地方高校工作的比例很小，分别只有 8.5%、16.0% 和 9.7%。进一步研究发现，并不是地方高校教师不热爱科学研究，恰恰反过来说明了地方高校科研基础相对薄弱，科研投入远远不足。

地方高校教师流动是一个复杂过程，影响因素是多元的且是动态变化的。相同的因素对不同个体的影响不尽相同，而且随着教师个体与组织及环境的变化，同一影响因素对同一个体的影响也是不断变化的。从教师个体来看，教师在不同的发展阶段有不同的需求，需求的优势层次也会发生变化。如果对同一群体教师进行跟踪研究，前后研究结论可能会有差异。

当从教师个体的视角来研究地方高校教师流动的影响因素时，本书是以个体的需求层次为依据的，这里包含着两个方面。一方面是随着教师个体的人力资本增量不断发生变化，所在组织不能很好地满足教师个体需求，教师为了更好地实现自我价值，不得不寻找更高的发展平台，这类流动大多是为了更好地实现自我价值，谋求更好的自我发展空间，更多意义上是一种"主动流动"。另一方面，很多教师发生流动并不是为了谋求更好的发展空间，更好地实现自我价值，他们会因为经济因素或家庭因素发生职业流动，这类流动本质上属于一种"被动流动"，如果所在组织有条件满足他们的个体需求，流动也可能不会发生。归根结底，价值取向是教师发生流动的根本原因。

第二节 组织因素引起的教师流动

员工的离职率以及实际离职意向是员工组织认同的结果变量，组织认同的产生会对组织成员的态度与效能产生重要影响。[1] 组织认同的前因变量包括个人因素与组织因素，个人因素对地方高校教师流动的影响上文已做讨论，这里只关注学校组织因素对地方高校教师流动的影响。讨论之前，本书需要对相关问题进行梳理：什么是组织？大学组织有何特性？

组织是一个具有明确界限、不断成长的有机实体，在一定的环境中，个体或团体为实现一定的目标，依据一定的职权关系，形成一定的结构，以适应或改造环境。首先，组织的存在与运行离不开一定环境，它和周围的社会环境相互作用。它有明确的边界，对环境既要适应，也要改造。其次，组织是由个人或团体构成的社会单元。再次，组织通过内部沟通形成团体意识，并具有明确的共同目标。最后，组织通过一定职权关系形成稳定的内部结构。按照组织的构成，组织可以分为正式组织和非正式组织，正式组织对其内部及各部分之间的关系有一定程度的明文规定，这些规定通常涉及人力资源实践（如雇佣和薪酬政策）、工作岗位设计及组织的整体结构等。非正式组织则指那些影响组织运行的自身属性，主要包括组织的文化、行为准则、价值取向、组织内外的社会网络、权力与政治以及领导者行为等。[2]

作为一种现代组织，大学毫无例外地具有一般组织所共有的特征。第一，大学有明确的办学目标。按照不同的分类标准可以将大学分为不同类别，不同类别的大学具有不同的办学目标。第二，大学是由教师组成的。教师的人力资本相对较高。第三，大学是一个严密的社会结构系统，除了

---

① 韩雪松、江云、袁冰：《组织认同研究述评及展望》，《商业研究》2007年第3期。

② 〔美〕W. 理查德·斯科特、杰拉尔德·F. 戴维斯：《组织理论——理性、自然与开放系统的视角》，高俊山译，中国人民大学出版社，2011，第24~25页。

教育主管部门的相关法规外，各大学一般都结合实际校情，制定了本单位制度性规章，对师生行为进行规范与约束。除了这些基本共性之外，大学组织还具有区别于其他组织的突出特性。

学术属性是大学组织的根本属性。大学是制造、修正、传播知识的中心，学术性与高深性是大学最显著的特性。[①] 离开学术性和学术创造，大学属性就不完整。教学与科学研究的大学使命决定了大学组织的学术性。教学、科研与社会服务是大学的基本功能，其中，社会服务是基于教学与科研的第三位功能。教学质量和科研产出一方面和教师及学者的人力资本积累有关，这就要求他们不仅能传播知识，更重要的是创造知识。另一方面则与教学和科研条件、环境、资源配备有关。知识的传授与创造依赖于一定的物质条件和一定的环境。学术自由是大学组织学术性的另一表现形式。对教师和学者来说，他们一生都致力于发展新思想，阐述新观点，言论及写作自由的权利对其极其重要。大学组织也非常注重学术自由，这样才能确保其能聘任最具创造力的科学家和学者。[②]

文化属性是大学组织的另一特性。大学因为历史悠久、历史积淀厚重，曾被视为超凡脱俗的"象牙之塔"。大学本身作为独特的组织，具有深刻的文化内涵和精神价值，大学能维持其基本性状所凭依的就是它自身一以贯之的核心价值。最早的大学组织形式极其松散，人们基于对知识和学问的共同兴趣爱好而聚集在一起，期望在相互交流、切磋的过程中，满足自己的好奇心和求知欲望。虽然大学组织已经发展成为日益规范的正式组织，但仍然是一个"松散联合的系统"。学科的专业化使得学术组织结构日趋松散，与学科专业相关的学术权力也变得松散。学术活动是大学组织活动的重要内容，而学术活动是根据学科专业来进行组合的，由此形成了分裂的专业和相对松散的组织结构及划分不太严格的系、部。[③] 相对于大学组织来说，学术工作者更忠实于所属学科。大学是一个更倾向于情感型的社团性机构，就组织的功用与文化而言，它有别于其他组织，但同时具备一般组织所具有的结构化、制度化特征，大学的制度框架具有半科层化性质。科

① 〔美〕约翰·布鲁贝克：《高等教育哲学》，王承绪等译，浙江教育出版社，1998，第2页。
② 〔美〕德里克·博克：《走出象牙塔：现代大学的社会责任》，徐小州、陈军译，浙江教育出版社，2001，第20页。
③ 〔美〕伯顿·克拉克：《高等教育系统》，王承绪等译，浙江教育出版社，1994，第13页。

恩称大学组织为一种"有组织的"松散结构系统。"有组织"显然是涉及正式组织的制度化内涵，"无序状态"反映的是组织内部成员的思想、行为的非一致性、价值和活动取向的多元化和离散状态。[①]

因此，在研究地方高校教师流动时，本书一方面要看到大学组织作为正式组织与其他组织所具有的共性特征，同时要考虑其区别于一般社会组织的特性，尤其是非正式组织的影响。从组织的共性特征来探讨组织因素对员工离职影响的研究较多，也取得了一定的理论成果，本书将结合大学组织的特性，从正式组织与非正式组织两个层面探讨学校组织因素对地方高校教师流动的影响。

一 正式组织：物理、技术环境的显性影响

如果说个体因素引起的地方高校教师流动既有"主动流动"，又有"被动流动"，那么，学校组织因素引起的教师流动更多属于"被动流动"。他们会因为学校正式组织的物理、技术环境或非正式组织的文化环境达不到其预期而发生流动。正式组织的物理、技术环境包含多方面内容，本书中主要指教学与科研的保障条件和环境等。

每个组织都存在于特定物理、技术环境中，并要与之相适应。[②] 地方高校组织的教学与科研活动也离不开一定的物理、技术环境，为了完成正常的教学工作，组织需具备一定的教学条件和环境，这是教学的基本保障条件。长期以来，由于我国教育资源分配严重不均，地方高校在教育经费投入上与部委属高校有很大差异。单就教育经费收入情况来看，地方高校远远低于部委属高校，教育经费收入主要包括国家财政性经费、民办高校举办者投资、事业收入、其他收入等，因民办高校都属于地方普通高校，中央部委属普通高校则没有民办高校举办者投资收入。由图 3-2 可以看出，部委属普通高校与地方普通高校获得财力支持整体上差距较大，中央财政主要对中央部委所属高校给予财政支持，对地方普通高校专项补助总额较少。高校扩招政策实施以来，部分部委所属高校的隶属关系发生变化，由

① 转引自阎光才《识读大学——组织文化的视角》，教育科学出版社，2002，第283~285页。
② 转引自〔美〕W. 理查德·斯科特、杰拉尔德·F. 戴维斯：《组织理论——理性、自然与开放系统的视角》，高俊山译，中国人民大学出版社，2011，第22页。

原部委所属普通高校改变为地方普通高校，扩招后至今，部委所属高校的总量一直维持在 111 所左右，地方高校数剧增，部委属高校占全国普通高校总数的比例从 20 世纪初的 1/10 左右改变为现在的 1/20 左右。但部委所属高校的教育经费占全国普通高校教育经费的比例一直保持在 1/3 以上。

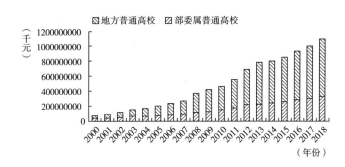

图 3-2　部委属普通高校与地方普通高校教育经费收入情况对比
资料来源：根据《中国教育经费统计年鉴（2000—2018）》中"教育经费收入情况"整理。

结合图 3-3，可以计算出校均教育经费收入，中央部委属高校校均教育经费收入从 2000 年的 3.12 亿元增加到 2018 年的 27.70 亿元，地方普通高校校均教育经费收入从 2000 年的 0.37 亿元增加到 2018 年的 3.01 亿元，前者是后者的约 10 倍。教育经费的严重不足直接影响地方高校的办学条件和办学环境。单就图书馆设施来说，样本高校图书馆软硬件设施均与部委属高校有较大差距，纸质图书总量少、质量不高，电子期刊及学术数据库资源严重匮乏，教学设备基本以传统的教学设备为主，连基本的多媒体教学都难以全面覆盖。落后的教学条件与教学环境影响教学质量。高校扩招带来的大部分生源也主要分流到地方普通高等学校，生源的增加的确可以为地方高校带来直接的财政性收入，但随之而来的是更多的学生来挤占已有的、短缺的教学资源，使得办学条件与办学环境日益恶化，教学质量进一步下滑。

地方普通高等院校大部分属于教学研究型或者教学型院校，相比部委属院校，所能获取的科研经费十分有限，研究设备也相对落后。本书分别从普通高校自然科学科技经费和人文、社会科学研究与发展经费（可简称为"社科经费"）的拨入情况来进行分析。总量上看，虽然部委属高校数量占总高校数的比例较小，但其自然科学科技经费总量上一直高于地方高

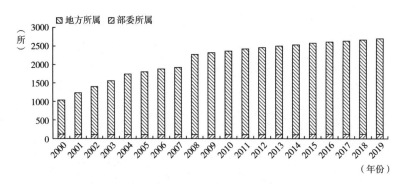

图 3-3　全国普通高校所属关系变化情况

资料来源：根据《中国教育年鉴（2000—2019）》中"普通高等学校所属情况变化表"整理。

校，由图 3-4 计算得出，部委属高校校均自然科学科技经费从 2000 年的 0.85 亿元增加到 2018 年的 10.14 亿元，地方高校校均自然科学科技经费从 2000 年的 0.047 亿元增加到 2018 年的 0.33 亿元，部委属高校校均自然科学科技经费是地方高校的约 31 倍。这一差距远远大于两类高校校均教育经费收入的差距。

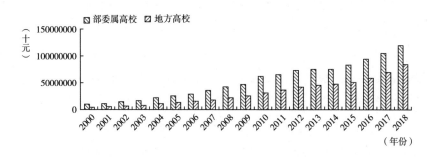

图 3-4　部委属普通高校与地方普通高校自然科学科技经费拨入情况

资料来源：根据《中国教育统计年鉴（2000—2018）》中"普通高等学校科技经费情况"整理。

再来看看人文、社会科学研究与发展经费的拨入情况，如图 3-5 所示，自 2000 年以来，部委属普通高校与地方普通高校的人文、社会科学研究与发展经费拨入总量一直相差不大，但同样由于两类高校数量相差悬殊，校均人文、社会科学研究与发展经费拨入仍有很大差异，部委属高校校均人文、社会科学研究与发展经费从 2000 年的 0.029 亿元增加到 2016 年的 0.43亿元，地方高校校均人文、社会科学研究与发展经费从 2000 年的 0.0031 亿元增加到 2016 年的 0.025 亿元，部委属高校校均人文、社会科学研究与发展经费是地方普通高校的约 17 倍。总体来说，部委属高校校均科研经费远远高于地方高校，这里需要说明的是，部委属高校绝大部分属于研究型高校，这类高校科研经费内部差异相对较小，且高校数量有限，地方普通高等院校大部分属于教学研究型或者教学型院校，且高校数量众多，内部差异较大，有的地方高校，尤其是教学型院校，以教学为主，科研经费收入占比很低，这就进一步拉大了地方高校校均科研经费与部委属高校之间的差距。

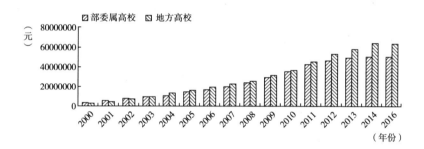

图 3-5 部委属普通高校与地方普通高校人文、社会科学研究与发展经费拨入情况

资料来源：根据《中国教育统计年鉴（2000—2016）》中"普通高等学校人文、社会科学研究与发展经费情况"整理（2015、2017、2018 年数据缺失）。

以上是将地方高校的办学条件、办学环境、科研经费等方面与部委属高校进行比较，地方高校在各方面都远远落后于部委属高校，加之，20 世纪末实施的"985"工程和 21 世纪初实施的"211"工程计划加大对一批部委所属高校的支持力度，进一步拉大了两者的差距，也直接影响地方高校教师流动。由表 3-5 可知，工作条件和环境、总的研究经费、研究设备与图书馆设施对地方高校教师流动都有一定的影响，均值都超过了 3.5，其中，最为明显的是工作条件和环境对教师流动影响最大，这一方面说明地方高校是以教学为主，对科研的要求远不如部委属高校。另一方面，也进一步佐证了地方高校在教学、科研硬件设备上还有很大的提升空间。国家对地方高校科研经费的投入力度与部委属高校有很大的差距，研究经费上的严重不足也直接影响地方高校的学术氛围，严重挫败了地方高校教师的科研积极性。

表 3-5 地方高校教学、研究条件对教师流动的影响

单位：人

	N	极小值	极大值	均值	标准差
工作条件和环境	658	1	5	3.88	0.958
总的研究经费	658	1	5	3.61	0.976
研究设备与图书馆设施	658	1	5	3.57	0.982
有效的 N（列表状态）	658				

二　非正式组织：文化环境的潜在影响

非正式组织是个人之间基于工作关系建立的但其作用大大超出工作范围的那些联系。[1] 作为非正式组织的另一种形式，组织文化是指在解决它的外部适应和内部整合问题的过程中，基于团体习得的、共享的基本假设的一套模式。[2]

20 世纪 80 年代，西方学者将组织文化概念正式纳入高等教育研究领域，并得到高等教育研究学者的广泛认可。他们发现美国大学和学院的管理与日本企业管理模式存在诸多相通之处，都体现了日本企业共享管理的社团化组织特征。虽然此时关于高等教育文化与文化现象的研究文献相对匮乏且分散，但为我们理解高等教育提供了非常有意义的文化视角。20 世纪 80 年代以后，西方高等教育外部环境遽然变迁，大学组织文化才真正为人们所关注。迄今为止，关于大学的组织文化理论虽然还称不上是一个相对成熟的、形成自身规范的研究领域，但其对高等教育理论的发展有着很大的促进作用，为我们更好地理解大学和学院组织提供了一个很好的方法、途径。

随着社会经济的发展，地方高校教师的收入水平有所提高，他们的生

---

① 〔美〕W. 理查德·斯科特、杰拉尔德·F. 戴维斯：《组织理论——理性、自然与开放系统的视角》，高俊山译，中国人民大学出版社，2011，第 25 页。

② 〔美〕埃德加·沙因：《组织文化与领导力》，马红宇、王斌等译，中国人民大学出版社，2011，第 13 页。

理和安全需求在不同程度上得到满足，在同等物质条件下，他们仍然会发生"水平流动"，最有可能的原因之一就是对现有组织的文化认同度不高或者反认同。

1. 地方高校组织文化模型构建

虽然沙因等学者发展了组织文化的综合框架，但对组织文化综合理论的研究不够重视。丹尼森、马丁等学者进一步探索组织文化的研究方法，对组织文化进行测量，构建组织文化模型。丹尼森认为组织文化是组织管理系统基础的重要价值观、信仰和原则。丹尼森及其同事在1984年和1990年对组织文化进行大量相关研究，探究组织文化对组织绩效的影响。他们将组织文化分为几个部分并对其进行测量，基于组织文化框架，构建了组织文化模型。该模型以有效组织的四个文化特性（参与性、一致性、适应性和目的性）为基础，阐述组织文化的构成和内涵，每个特性又包括三个层面。根据研究需要，本书对丹尼森组织文化模型进行修订，构建了地方高校组织文化模型，并依此模型制定了组织文化量表，观测组织文化对地方高校教师流动的影响（见图3-6）。

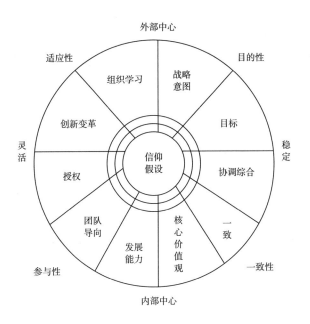

图 3-6　地方高校组织文化模型

这个模型的核心是潜在的信仰和假设，并可以通过组织文化的四个特性来观测。在这个模型中，适应性与参与性关注组织的灵活性和变革的能力与欲望，即创新能力；目的性与一致性关注组织保持可预测性与稳定性的能力，使组织有自己的目标及发展方向，同时强化成员对组织的忠诚与归属感，两者构成一对矛盾体。适应性与目的性关注组织对外部环境的适应能力，反映组织是否顺应外部经济、政治、社会环境的变化而做出相应调整；参与性与一致性关注组织的内部和谐能力，它要求组织对内部系统、结构和流程进行动态整合，实现组织目标，这两者构成另一对矛盾体。

如表 3-6 所示，地方高校的组织文化也包括这四个特性：参与性、一致性、适应性和目的性。参与性包括授权、团队导向和发展能力三个方面。有效的组织文化注重充分发挥每一个员工的主体能动性，强调向员工授权，重视员工参与意识的培养。对于地方高校组织来说，对地方高校教师的授权主要体现在教师在学校的地位以及在学校重大事务决策上的话语权。组织是由各种团队组成，以团队为导向。地方高校组织同样由各种团队组成，除了一些正式组织，如学校的职能部门、院系等，还包括一些非正式的学术团队，与团队、同事的协作关系直接影响组织绩效，在地方高校组织中，这些非正式的学术团队的绩效可能会高于正式组织的绩效。组织应该注重发展员工的能力，为发展员工的能力投资。这一点表现为地方高校组织为教师提供的培训与发展机会。[1]

表 3-6　地方高校组织文化考察维度及指标描述

文化特性	考察维度	指标解释	指标描述
参与性	授权	向员工授权，重视员工的参与管理	教师的社会地位及话语权
	团队导向	以团队为导向，提倡合作以达成组织共同的目标	与团队、同事的协作关系
	发展能力	注重发展员工能力，为发展员工能力投资	教师的培训与发展机会

---

[1] 李成彦：《组织文化——基于组织效能的视角》，北京大学出版社，2013，第 70 页。

续表

文化特性	考察维度	指标解释	指标描述
一致性	核心价值观	员工共同信奉的价值观，产生强烈的认同感，对未来抱有期望	学校教育理念与文化
	一致	管理者有能力让大家高度一致，在关键问题上调和不同意见	学校管理水平
	协调综合	不同职能部门能够为了组织共同的目标很好地合作	学校职能部门的配合程度
适应性	创新变革	对内外部环境变化做出反应，适时进行变革创新	学校的改革与创新能力
	组织学习	能承担风险并在错误中学习，有能力保证创新变革	学校制度和政策调整
目的性	目标	有清晰、可操作的具体目标，并指导员工的具体工作	学校工作目标与安排
	战略意图	在本行业的战略定位和发展目标，使每个员工明了努力的方向	学校办学定位、目标

组织文化的一致性包括核心价值观、一致、协调综合三个方面。有效组织一般具有强文化，强文化是指导行为的有力杠杆，有利于提高组织成员的工作绩效。强文化是一套非正式的规则体系，它明确指出组织成员在大部分时间里应如何行为，它使得组织成员对自己的工作感觉良好，并愿意加倍努力工作，从而形成强烈的身份认同感。强文化具有高度的一致性，它是组织核心价值观的基础。地方高校组织的强文化则体现为大学精神、教育理念及文化，它是地方高校赖以生存与发展的精神载体。强文化的高一致性使组织变得协调，并形成一个整体，管理者和组织成员有能力协调不同的观点和见解，使其达成一致并符合组织的价值观，在地方高校组织中主要表现为学校的管理水平以及学校职能部门的配合程度，管理者能很好地协调团体及教师等不同利益主体的关系，不仅能有效提高组织绩效，也能充分发挥个体才能。

组织文化的适应性则包括创新变革和组织学习两方面。有效组织应该是能适应内外部环境，并根据内外部环境的变化适时做出反应。适应良好的组织能迎接各种挑战，能承担各种风险并在错误中不断学习，使组织保持创新能力。地方高校组织在面对内外部环境变化过程中，也应该能根据环境对组织进行修复，不断对学校组织进行改革，并能在复杂的内外部环境中进行创新与发展，当发现组织的规章制度与内外部环境不相适应时，学校组织要及时调整制度与政策。

组织文化的目的性包括组织的目标、战略意图等方面。有效组织应该有明确的目标，包括短期目标和长远规划。而且组织目标应该能被组织成员很明显地感觉到，并心甘情愿为之而努力。对于地方高校组织，首先对自己有清醒的认识，在认真分析组织发展历程的基础之上，准确对组织的发展现状进行定位，然后结合组织的实际情况制定科学、合理的组织发展战略及目标。地方高校组织只有准确定位自己的办学层次，才能够制定出切合实际的办学目标。

本书将基于组织文化的以上维度，测量地方高校组织文化对教师流动的影响作用。本书对问卷量表的信度进行检验，地方高校组织文化问卷量表信度为 0.950，分量表信度分别为 0.865（参与性）、0.848（一致性）、0.876（适应性）、0.879（目的性）。此量表信度达到统计学要求，可以用于测量地方高校组织文化对教师流动的影响。

2. 地方高校组织文化对教师流动的影响

（1）组织文化对教师流动影响的整体情况。地方高校组织文化四个特性对教师流动影响的得分由高到低依次为 3.76（参与性）、3.74（一致性）、3.69（适应性）、3.68（目的性）。均值都在 3.60 以上，表明学校组织文化对教师流动的影响显著。

在参与性上的得分反映教师在学校的主体地位，团队对教师个体的积极影响，以及教师自我发展的需求。参与性更多地体现在对教师流出的正向作用。在一致性上的得分反映教师对组织理念、组织管理水平等方面的认同程度，一致性一方面体现在教师对组织文化认同度高所产生的强烈的组织归属感，对引进外部优秀人才和留住内部人才都有一定积极作用，另一方面体现在教师对组织的认同度低甚至是反认同而产生离职意愿，对内部优秀教师的流出有一定的推波助澜作用。参与性与一致性都是强调组织内部系统、组织结构和流程的整合问题。在任何新建组织中，人们必须处理有限的、可描述的问题。在最为基础的层面上，人们必须形成一套语言和概念系统，从而能清晰地界定事物的意义。然而，正式的语言并不能准确地说明工作、团队合作、尊重、质量等词语的真正含义。多个组织之间必须就组织的边界及组织成员的归属达成一致。组织必须就如何分配影响力和权利达成一致，从而能建设性地沟通成员之间的攻击行为，并且准确界定正式的地位。因此，需要组织建立起一些界定同事关系和亲密关系的准则，从而能够恰当地沟通爱和情感，组织还必须就一些重要的关系如何与任务绩效相关联取得共识。①

　　在适应性上的得分反映的是组织对内外部环境变迁所做的反应，强调组织的创新变革能力。在目的性上得分反映的是组织的短期目标和长期规划，组织的发展目标与战略对教师的长远发展有着直接的影响。适应性与目的性都是强调组织对外部环境的适应能力。文化形成的过程与组织形成的过程是相同的，原因在于组织同一性的本质——共同的经历和学习过程中习得的共同思维模式、信念、情感和价值观——导致了组织的共享假设模式，也就是组织文化。没有组织，就没有文化，没有一些共享的假设和一些最低程度的文化，我们只能讨论人的集合，而非一个组织。每一个新的组织都必须从其最基本的核心使命、主要任务或存在理由中发展出一种关于最终生存问题的共享概念。在大多数组织中，这一共享概念围绕组织的生存和成长问题不断演化。在演化过程中，这一共享概念涉及维系组织和主要利益相关者的良好关系，组织的长期生存与发展的关键在于平衡不同利益相关者的需求，所有利益相关者构成了组织运营所需的环境。地方高校组织的使命在于必须平衡学生的学习需求（也包括学生住宿、食物和替代性地扮演父母的角色）、教师对开展研究和扩充知识的需求、社会存储知识和技能的需求、投资者可行性制度的需求，以及社会借助学校来促进适龄青少年向劳动力市场转化并进入不同的技能群体这一终极需求。即便组织成员在组织使命和身份方面达成一致，也不能确保组织核心成员拥有共同目标，也不能自动协调不同亚文化以实现组织使命。为了就目标达成共识，组织需要共同语言，并且分享关于基本运营的假设，通过这些运营活动，组织可以从一些抽象的、一般性的事物（组织使命）转向具体的目标。进而，管理者可以通过落实那些成为文化共享部分的结构、制度和过程来实现组织使命和组织目标，一旦人们将这一过程视为理所当然，它们

---

① 〔美〕埃德加·沙因：《组织文化与领导力》，章凯、罗文豪、朱超威等译，中国人民大学出版社，2014，第81~98页。

就成为文化中最难以改变的要素。[1]

存续及适应外部环境和组织的内部整合过程是所有组织都面临的两个典型问题。外部生存问题会强烈影响组织的内部整合,本质上说,所有组织都是一个社会技术系统,其中外部适应的方式和内部整合问题的解决是相互依赖且错综复杂的,某种程度上,组织对外部环境的适应程度可以通过内部整合过程表现出来。这样就不难理解以上得分结果:组织文化的内部特性(参与性和一致性)比组织文化的外部特性(适应性与目的性)对教师流动的影响更为显著。

(2)组织文化对不同群体教师流动影响的差异。为了观测组织文化对地方高校不同群体教师流动的影响,本书以人口学的基本统计特征为基础,分别从性别、年龄、政治面貌、职称、学历、工作角色、领导职务、婚姻状况特征来测量组织文化对地方高校教师流动影响的差异。卡方检验结果表明:组织文化对不同年龄、政治面貌、工作角色的教师流动的影响存在典型差异。

如表 3-7 所示,组织文化的发展维度对不同年龄地方高校教师流动的影响在 0.05 的水平上差异显著。差异呈现"两头大,中间小"的格局,教师的发展能力对青年教师的流动影响明显,对 35 岁以下的青年教师流动的影响尤为突出,均值达到 3.87。这一结果与刘进的研究结论基本一致,他认为年龄在 31~40 岁的大学教师流动意向和行动比例最高,年龄大小与教师流动的比例呈负相关关系。[2] 这与西方普通职业流动研究中青年人流动比例高[3]的结论有所不同,归根于高校教师与众不同的职业发展曲线,高校教师职业对人力资本的积累要求相对较高,需要长期的学术积累,一般来说,从业者获得硕士、博士学位后就已经接近三十周岁,而入职后的近 10 年时间是个人学术成长最快的时间,教师的学术积累趋于成熟阶段也是最容易发生职业流动的年龄阶段。研究中发现另一个现象,教师的发展能力对中老年教师流动影响显著,对 56 岁以上的教师流动影响的得分高达 3.96。

---

① 〔美〕埃德加·沙因:《组织文化与领导力》,章凯、罗文豪、朱超威等译,中国人民大学出版社,2014,第 64~80 页。
② 刘进:《中国研究型大学教师流动:频率、路径与类型》,《复旦教育论坛》2014 年第 1 期。
③ Neal D., "The Complexity of Job Mobility among Young Men", *Journal of Labor Economics* 2 (1999): 237-261.

表3-7 组织文化对不同群体地方高校教师流动影响的差异分析

		授权	团队导向	发展能力	核心价值观	一致	协调综合	创新变革	组织学习	目标	战略意图
性别	男	3.80	3.77	3.70	3.72	3.73	3.67	3.72	3.80	3.73	3.72
	女	3.71	3.74	3.79	3.74	3.77	3.71	3.74	3.75	3.71	3.72
	x^2	4.429	0.795	5.007	8.781	3.772	0.953	8.592	3.547	0.896	0.654
年龄	35岁及以下	3.76	3.77	3.87	3.77	3.79	3.76	3.80	3.81	3.79	3.78
	36~45岁	3.84	3.83	3.77	3.81	3.84	3.82	3.77	3.86	3.76	3.75
	46~55岁	3.53	3.56	3.45	3.49	3.46	3.44	3.52	3.50	3.51	3.53
	56岁及以上	3.96	3.83	3.96	3.74	3.87	3.87	3.83	4.04	3.83	3.83
	x^2	17.024	16.028	23.126*	16.434	15.126	12.657	13.185	18.420	17.324	9.075
政治面貌	中共党员	3.77	3.80	3.78	3.78	3.80	3.80	3.79	3.84	3.79	3.78
	其他民主党派	3.55	3.41	3.47	3.37	3.18	3.45	3.35	3.29	3.28	3.27
	无党派人士	4.03	3.91	4.00	3.79	4.09	3.89	3.91	3.97	3.89	3.79
	群众	3.73	3.69	3.66	3.69	3.70	3.66	3.65	3.70	3.65	3.66
	x^2	26.748**	17.399	15.639	17.114	24.426**	13.546	16.004	22.081*	18.452	20.839
职称	未定职级	3.41	3.73	3.80	3.66	3.68	3.77	3.75	3.57	3.58	3.59
	初级	3.69	3.67	3.74	3.64	3.72	3.71	3.75	3.81	3.73	3.71
	中级	3.81	3.75	3.78	3.78	3.77	3.79	3.77	3.82	3.78	3.76
	副高	3.75	3.79	3.64	3.73	3.75	3.78	3.66	3.71	3.70	3.69
	正高	3.92	3.87	3.85	3.68	3.72	3.80	3.70	3.83	3.78	3.70
	x^2	18.327	5.961	10.545	13.691	8.909	11.435	14.009	14.775	13.245	15.356

续表

		授权	团队导向	发展能力	核心价值观	一致	协调综合	创新变革	组织学习	目标	战略意图
学历	本科及以下	3.74	3.56	3.59	3.64	3.77	3.75	3.70	3.71	3.71	3.72
	硕士	3.76	3.80	3.82	3.76	3.78	3.80	3.75	3.79	3.73	3.72
	博士	3.76	3.76	3.69	3.71	3.69	3.76	3.72	3.79	3.69	3.72
	x^2	1.207	9.004	8.920	12.055	12.388	13.231	3.403	14.366	12.863	14.947
工作角色	专任教师	3.84	3.83	3.82	3.81	3.83	3.84	3.79	3.85	3.83	3.81
	行政人员	3.44	3.38	3.44	3.48	3.47	3.41	3.48	3.48	3.40	3.42
	教学兼行政人员	3.67	3.71	3.56	3.45	3.49	3.50	3.67	3.65	3.61	3.44
	教辅人员	3.41	3.56	3.62	3.56	3.51	3.49	3.49	3.59	3.42	3.54
	x^2	44.035***	24.094	23.225	24.229	27.795*	20.231	27.408*	27.867*	23.856	27.425*
领导职务	是	3.69	3.76	3.64	3.61	3.58	3.59	3.67	3.70	3.65	3.63
	否	3.77	3.76	3.77	3.75	3.78	3.79	3.75	3.79	3.75	3.74
	x^2	8.799	2.446	5.977	5.327	6.828	7.675	6.034	2.327	1.843	1.949
婚姻状况	已婚	3.77	3.75	3.74	3.73	3.74	3.72	3.74	3.78	3.75	3.72
	未婚	3.70	3.78	3.78	3.70	3.77	3.70	3.70	3.74	3.72	3.74
	x^2	2.881	1.080	7.990	1.740	1.239	1.342	1.613	1.343	1.768	1.799
工作角色	教师	3.83	3.82	3.80	3.77	3.80	3.79	3.78	3.83	3.76	3.77
	行政管理人员	3.43	3.46	3.51	3.52	3.50	3.51	3.50	3.52	3.44	3.46
	x^2	28.872***	17.355**	12.077*	11.132*	16.609*	15.435*	17.766**	14.107**	16.872**	14.652**

注：* 表示 $p<0.05$，** 表示 $p<0.01$，*** 表示 $p<0.001$。

根据高校教师的职业发展特点，中老年是地方高校教师职业发展最为成熟的时期，他们不仅能获得高级职称和各种学术荣誉及地位，而且物质回报也十分可观，家庭及社会关系也最为稳固。按照正常职业发展规律，他们已经没有流动的硬性需求。如果再认真考量地方高校教师的职业特点，也就不难理解这一现象。中老年地方高校教师是人力资本积累最为丰富的群体，他们不仅有着丰富的教学经验，学术科研积累也达到职业发展巅峰。但我国现行的高校教师法定退休年龄分别为 60 周岁（男）和 55 周岁（女），这些中老年教师仍然是高等教育领域宝贵的教师资源，身体条件允许的前提下，大部分退休教师都可以返聘或外聘到其他高校任教，继续为高等教育事业发挥余热。如表 3-7 所示，教师的发展能力对中年教师流动的影响最小，46～55 岁的地方高校教师这一维度得分为 3.45，明显低于青年教师和中老年教师。中年教师经过青年时期的积累，事业上处于发展的顶峰时期，他们对地方高校的发展起着举足轻重的作用，在组织中也获得了应有的物质回报和事业发展平台，对组织的认同度相对较高，发生职业流动的需求相对较低。

发展能力、一致、组织学习维度对不同政治面貌的地方高校教师流动的影响存在明显差异。本书发现无党派人士在所有维度上得分均高于其他政治身份的教师，相比之下，在这三个维度上的组织文化对无党派人士教师的流动影响最为明显，差异最为显著，分别得分 4.03（授权）、4.09（一致）、3.97（组织学习）。在我国，成为无党派人士的条件相对苛刻，要同时具备几个条件：没参加任何党派，具有无党派身份；对社会做出积极贡献，有一定影响力；受过良好教育，具有较高素质；具有统战工作对象身份。他们对学校组织所提供的培训发展机会、学校组织的管理水平、学校组织的制度与政策调整比较关注。相反，其他民主党派的教师在这三个维度上的得分相对较低。中共党员与群众身份的教师在这三个维度上没有明显差异，得分较为接近，这是笔者感到困惑的。

组织文化的所有维度对不同工作角色的地方高校教师流动的影响存在明显差异。为了更为直观地观测这种差异，本书分别将专任教师、教学兼行政人员合并为教师类，将行政人员、教辅人员合并为行政管理人员类。检验结果表明，组织文化对教师和行政管理人员流动的影响存在显著差异。其中，在 0.001 的水平上，授权对教师和行政管理人员流动的影响显著差异。教师得分明显高于行政管理人员，二者得分分别为 3.83 和 3.43，这一差异表明，在地方高校，学校组织对行政管理人员的授权明显优于教师，教师在地方高校内部重大事物决策时处于边缘地带，地方高校重大事物的决策权主要落在行政管理人员手中，地方高校官僚化严重。因此，如何增加教师对地方高校事务决策的参与是地方高校内部治理亟待解决的问题。

在 0.01 的水平上，团队导向、创新变革、组织学习、目标和战略意图对教师和行政管理人员流动的影响差异显著。教师得分均高于行政管理人员。团队导向维度上，教师和行政管理人员是来自大学组织中不同的基础群体，教师是从事生产性工作的，他们扎根于某一学科或领域的研究中，其研究过程需要得到团队、同事的协助，他们对学科、团队的依赖性相对较强，他们首先是忠诚于学科，其次才是忠于高校组织。因此，与团体的协作关系，不管是正式团体还是非正式团体，直接影响其职业流动，这一点在理工类教师那里体现得更为明显。而行政管理人员是从事管理活动，其目的是提高组织绩效，注重服从和效率。对行政管理人员的奖励、认可及职业发展与他们在组织内部的表现息息相关。因此，教师更忠诚于学科，行政管理人员更忠诚于地方高校组织。创新变革维度上，教师崇尚学术自由，在学术研究过程中遵从自己的理性判断和对真理的信念，对外部环境的变化能适时作出反应，当组织的内外部环境发生变化时，他们也寄希望于组织领导者进行组织改革与创新。而作为组织管理者的行政管理人员，他们也会对内外部环境变化作出反应，但前提条件是能保证组织的稳定，为其职业角色的合法性提供依据，制度的变迁是一个缓慢的过程。这一点也适用于解释组织学习维度对教师和行政管理人员流动影响的差异。在目标和战略意图上，学校的短期计划和战略规划发展固然会对行政管理人员的职业发展产生影响，但地方高校组织的主要任务是从事教学和科研，为地方培养所需的合格人才。而教学和科研的主体是教师，教师的发展直接决定着组织的发展，反过来，地方高校组织的发展也影响着教师的职业发展。如果学校的发展偏离教师对组织发展的预期，教师发生流动则是其理性选择。

在 0.05 的水平上，发展能力、核心价值观、一致、协调综合对教师和行政管理人员流动的影响存在差异，教师得分均高于行政管理人员。在发展维度上，教师希望获得更多的教育培训与发展机会，不断提高个体的人力资本。对教师来说，参加各种业务培训、学术活动是提高自身素质的主要途径，地方高校组织为教师提供更多的培训与发展机会，不仅可以增强师资力量，优化师资结构，也可以增强教师的组织认同感。相比较而言，培训与发展机会对行政人员流动的影响会小很多。在核心价值观上，学校组织理念和文化对教师的影响更为明显，崇高的办学理念对于凝聚优秀教师、提升教师的组织认同度有正向作用。基于职业文化，行政管理人员对组织的认同度更高，更加忠诚于组织。在协调和一致性维度上，作为被管理对象的教师对学校的管理水平反应更灵敏，行政管理人员与教师的管理与被管理客观关系的长期存在使教师的正当权益有时会受到侵犯，教师日益沦为学校组织中的弱势群体，这一点在以教学为主的地方高校中体现得更加明显。当教师群体对学校管理行为不满且得不到合理解释时，发生职业流动便成为其维护自身利益的有效途径之一。

　　整体上看，组织文化对教师流动的影响比对于行政人员的影响更加明显，教师的所有均值都高于行政管理人员。教师和行政管理人员不同的职业文化决定了他们不同的甚至是冲突的工作价值观，导致他们在决策时为追求共同利益而存在障碍。[①] 教师从事"生产性"工作，进行知识的生产、传播，拒斥任何形式的权威干预，这也是学术自由的内在表现，并要求所处的环境能为其提供充分的物质条件和制度保障。而行政管理人员就是负责提供教师所需的全部物质资源和条件，当资源供应链中断或不畅时，教师会认为学术研究的自由受到权威的干涉，对大学内部的科层制产生敌意，教师和行政管理人员之间形成裂痕。当前地方高校组织管理中迫切需要增加教师对组织决策的参与，使教师和行政管理人员在组织决策时担任相互独立的角色，在民主协商的过程中将这种职业文化差异所带来的负面影响降到最低。

第三节　外部环境因素引起的教师流动

　　人不仅仅生活在一定的自然环境中，也生活在一定的符号环境中，人的行为不单单是生理上的欲望和需要的驱使，也包括从前曾一度感受到的符号

---

① 郭卉：《大学治理中教师与行政人员的关系：基于社会资本的研究》，《现代大学教育》2005 年第 3 期。

因素的刺激作用。人在通过符号与他人交际时认识到他的同类所具有的许多意义和价值。由此看来，地方高校教师流动是教师个体与自然环境及社会环境相互作用的结果。外部环境因素是影响地方高校教师流动的重要因素，外部环境因素可以分为社会因素和外部客观环境因素，本书中外部环境的社会因素主要指人际关系的"推""拉"作用对地方高校教师流动的影响。

一　社会因素：人际关系的影响

人在本质上不是单个人所固有的抽象物，它是一切社会关系的总和。人际关系就是人们在生产与生活中所建立的一种社会关系，主要包括亲属关系、朋友关系、同事关系、同学关系等多种血缘或非血缘关系。人的生活质量与工作质量与人际关系高度正相关，相反，人际关系失调直接影响人的生活质量和工作质量，进而影响人的发展和组织绩效，人际关系失调经常成为地方高校教师发生职业流动的直接原因。当前，地方高校教师人际关系主要分为以下几类。

（1）教师与教师间的关系。由于地方高校教师在学历、文化素养、教育活动等方面都具有很多相同或相似之处，加之工作任务与工作目标也具有高度一致性，所以教师与教师之间很容易形成一定的交际群体，他们不仅在工作中互通有无、友好共事，在生活空间上也具有一定的相互依赖性。受传统的计划经济影响，福利分房或集资建房是地方高校解决教师住房问题的常用方式，同一所地方高校的教师往往聚居在限定空间内（校内或者学校附近），他们的工作和生活相对独立。同时，也正因为教师与教师之间在工作和生活上的同质性，所以他们在满足自己的较高需求（尊重需求和自我实现需求）时形成一定的竞争关系，而且这种竞争在一定范围内有可能愈演愈烈。地方高校教师群体就是生活在这样一种既具有高度一致性又具有一定冲突性的相对独立的空间里，教师个体对这种相对封闭的空间既高度依赖又无法逃离，教师与教师间的人际关系对教师的生存与发展有着直接的影响，当教师个体发现自己已经很难融入这种既定的人际关系中时，发生职业流动在所难免。调查显示，88.6%的地方高校教师认为教师间的人际关系对其流动有影响，其中影响较大和影响很大的累计百分比为55.1%，只有11.4%的教师回答影响较小或没有影响。对地方高校教师来说，同事之间的非正式组织的认可可能比正式组织的认可更重要。

（2）教师与管理者之间的关系。教师与管理者之间的关系与双方的人文素养、工作态度、工作方法等有关。长期以来，高校教师与管理者之间人际关系失调，教师处于决策参与的边缘，两者之间的关系失调一直是高校内部治理中最为突出的矛盾之一，已然上升为学术权力与行政权力的较量与制衡。除了与双方的主体因素差异有关，也与两者所担任不同角色的职业文化客观差异有关。理论上讲，教师是学校发展的主体，教师的发展直接决定学校的发展，管理者则应为教师提供充分的物质资源和保障条件，为教师的教学、科研以及社会服务创造良好的环境。现实中，地方高校行政权力过大，学术权力被边缘化。在地方高校，行政权力被过度放大的直接后果就是教师的正当权益不断受到侵害，教师的决策参与行为受限，正当诉求无法有效到达决策者，当教师的正当权益长期被漠视时，作为弱者反抗的武器，一部分教师会采取消极怠工的方式表达自己对学校管理行为的不满，另一部分教师则会选择流动到其他高校或跨行业流动，不管是哪一种反抗方式，对学校发展和组织绩效的提高都是有百害而无一利的。

（3）师生关系。师生关系是高等教育场域中最为常见的一种社会关系，教师创造、传授高深知识，对学生关怀和热爱，学生学习高深知识，并尊敬、信赖教师。在以"课堂、教师、教材"为中心的"老三中心"时代，教师将知识灌输给学生，学生被动接收知识，基本是以教师的"教"为中心，在这种传统的教育模式下，大学教学是一种单向的"输出—输入"过程，师生关系也相对简单，师生之间永远存在一道无法逾越的鸿沟，这在一定程度上维护了教师的知识权威。随着教育理念的转变和教育技术的飞速发展，以"学生、学习、学习过程"为中心的"新三中心"成为新型的教育模式。"新三中心"以学生的"学"为中心，强调引导学生去挖掘知识和创造知识，大学教学不再是一种单向的知识传递过程，而是一个动态的探究知识的过程，学生在学习知识的过程中不断成长，更加关注学生的学习力。因此，要求教师与学生之间建立一种新型的师生关系，除了师生关系之外，他们更多的是学习、研究搭档。如果教师还是以传统的教育模式开展教学工作，忽视学生的主观能动性和对学生学习力的培养，久而久之，学生会对教师的教学方式和业务水平不满意、不信服，严重影响学生的学习效果，师生关系也因此严重失调，教师则会面临转岗或退出教师群体的风险。相反，如果能实现从"老三中心"向"新三中心"的转变，教师业务水平较高，教学风格广受学生喜欢，教师的教学工作得到学生、同事、学校的认可，教师的尊重需求和自我实现需求得到一定程度的满足，对于留住优秀教师有一定正向作用。

（4）社会人际关系。地方高校教师不仅生活在特定的教师群体空间里，教师和广大知识分子群体一样，他们同样是社会结构的重要组成部分，除了基于工作关系形成的同事关系、师生关系之外，也有基于日常生活所形成的社会关系，例如亲戚关系、朋友关系等。这些也构成其社会性需要的重要部分。因此，在考察地方高校教师流动的影响因素时，本书也需要考虑他们的亲戚、朋友、人缘等社会关系。调查显示，87.7%的教师认为社会人际关系对其职业流动有影响，79.9%的教师在职业流动时会考虑与亲戚、朋友的距离。这说明受教育程度相对较高的地方高校教师更加重视在社会生活中构成的人与人之间的各种关系。

二 外部客观环境因素

地方高校教师所处的自然、经济、政治等社会环境也影响其职业流动。自然环境是人类赖以生存和发展的基本条件，自古以来，我们承认自然环境的限制作用，强调人类主动去适应自然环境。在人类的生存环境面临严重挑战的今天，人与自然的和谐共处对人类发展仍具有一定的现实意义。①

地方高校教师在发生职业流动过程中必然会考虑高校所处的地理位置、气候条件。而人才流动与我国人口分布的区域差异有直接关系，我国多样化的自然环境造就了人口分布的区域差异。有研究表明，我国人口分布聚居现象显著，25%的土地上聚居着80%的人口，60%的土地上的人口分布比例仅为5%左右，人口分布不均衡问题严重。东、中、西部地区分别以高、中、低人口密度为主，呈现明显的正空间关联特征。人口分布呈现"东南多、西北少"的格局，人口主要分布在东部各省，西北地区地广人稀。在东部，人口主要分布在沿海平原地区，黄淮海平原、四川盆地、长江三角洲、珠江三角洲等地人口密度较大。这种不均衡的人口分布与自然条件、气候等有密切关系。人口密度最高的是华中、华南湿润亚热带地区和华北湿润、半湿润暖温带地区，35%的土地上聚居85%的人口，区内优良的自然环境充分支持了人口的生

---

① 方修琦、牟神州：《中国古代人与自然环境关系思想透视》，《人文地理》2005年第4期。

存与发展。相反，内蒙古温带草原地区、西北温带及暖温带荒漠地区和青藏高原地区人口密度较小，国土面积超过 50%，但人口比例不足 5%，区内自然环境恶劣，不适宜人类居住。[①] 这种不均衡的人口分布对地方高校教师流动的方向有直接影响，由中西部地区高校向东部沿海地区高校流动成为地方高校教师流动的一大特征。[②] 调查显示，86.9%的教师认为地理位置会影响其职业流动，其中，大部分教师表示出向东部地区流动的意愿。84%的教师认为气候会影响其职业流动，这主要表现为我国南方和北方的气候差异。

与自然条件息息相关的是经济环境。在我国，东部地区不仅自然条件优越，经济环境相对于中西部也具有一定优势。地方高校教师"东南飞"不仅仅与自然条件有关，也与东部的经济发展水平息息相关。86.5%的教师表示学校所处地的经济发展水平对其职业流动有影响。由表 3-8 可以看出，当问及地方高校教师流动的目标城市时，频率高低依次为省会城市（40.8%）、经济发达地级市（30.8%）、直辖市（23.5%）、其他地级市（4.9%）。2015 年城市人均 GDP 数据显示，天津、北京、上海 3 个直辖市（重庆相对靠后）的人均 GDP 相对较高，省会城市人均 GDP 较本区域非省会城市有一定优势。经济发达地级市人均 GDP 优势明显。[③] 表明地方高校教师在职业流动过程中，经济环境是其首要考虑的因素之一。

表 3-8　你希望流动到以下城市（多选）

单位：人，%

		响应		个案百分比
		N	百分比	
流动城市[a]	直辖市	200	23.5	30.4
	省会城市	348	40.8	52.9
	经济发达地级市	262	30.8	39.8
	其他地级市	42	4.9	6.4
总计		852	100.0	129.5

a. 值为 1 时制表的二分组。

---

① 方瑜等：《中国人口分布的自然成因》，《应用生态学报》2012 年第 12 期。
② 蒋国河：《中国高校教师流动三十年》，《江西财经大学学报》2009 年第 6 期。
③ 根据 2015 年《中国统计年鉴》数据计算。

从表 3-8 中，还可以看到另外一个现象，虽然与直辖市、经济发达地级市的人均 GDP 相比，省会城市的人均 GDP 并没有明显的优势，在个别区域甚至处于劣势，但省会城市的得分最高。这可能有几个原因。第一，省会城市是同区域的政治中心，这一因素对地方高校教师流动有一定影响，83.7%的教师认为学校所处地是否为大都市、省会城市会影响其流动。省会城市不仅政治资源丰富，教育资源也具有比较优势。统计显示，2000 年我国普通高等学校在直辖市、省会城市、地级城市分布比例为 13%、40% 和 47%。[①] 不难看出，普通高等学校在直辖市、省会城市的分布密度远高于在地级市的分布密度，包括经济发达地级市。第二，省会城市政治、经济、文化优势交互影响，对周边地级市的资源吸纳作用要强于辐射作用，"马太效应"作用明显，加之，高等教育对学术资源、学术圈高度依赖等特性，促使省会城市普通高等学校对优秀人才的吸引力要大于地级市。第三，本调查中涉及的样本高校主要来自中部地区教育资源相对丰富的省份，加之，天津、北京、上海由于资源过度集中带来的高竞争压力，使其对中部地区地方高校教师的吸引力有限。

在我国，区域的发展水平是自然、经济、政治、文化等社会因素交互作用的结果，自然条件是最基础的影响因素，我国经济发展水平的东西差距在一定程度上是由东优西劣的地域结构决定的。我国是一个农业大国，东部地带自然地理条件优越，气候湿润，土地适宜耕种，可以承载高密度人口；而自然环境恶劣的西部地区，农业生产相对落后，地广人稀。政治因素在特定条件下对人口的迁移有明显的指向作用。文化因素的影响是一个潜移默化的过程，客观上对人口迁移的流向起强化作用。地方高校教师流动作为一种典型的社会人口迁移也是多因素交互作用的结果。

第四节　主要结论

本章从实践层面探讨地方高校教师流动的影响因素，充分考虑实践主体的能动作用和实践客体的制约作用，从个体、组织、外部环境三个层面展开分析。本章构建了地方高校教师需求层次理论模型，将个体因素分解

---

① 王保华：《高等教育地方化研究新视野》，中国海洋大学出版社，2007，第 108 页。

为经济利益的驱动、家庭情感需求的满足和自我价值的实现三个维度；从正式组织的物理、技术环境和非正式组织的文化环境两个维度分析组织因素，构建了地方高校组织文化模型，并运用此模型来测量地方高校组织文化对教师流动的影响；从人际关系和外部客观环境两个维度分析外部环境因素对教师流动的影响。通过对影响因素进行描述性统计分析、相关分析、卡方检验，得出如下结论。

第一，经济利益、家庭情感、自我价值实现这三个维度对地方高校教师流动的影响均十分显著，这些影响因素是多元的且是动态变化的，我们很难依据影响的程度对其排序。但研究发现，地方高校教师收入普遍偏低，经济因素对青年教师流动的影响最为明显，随着年龄的增长，家庭情感因素、自我价值实现的影响日益显著。虽然薪资不高，但地方高校教师的职业认同度却相对较高，流出教师职业的比例有所下降。在家庭情感因素中，子女的教育机会与环境、赡养老人、配偶的工作地点对教师流动的影响最为显著，其中，相当比例的教师认为配偶的工作地点会影响其职业流动。这三类家庭因素之间存在显著相关性，亲属强关系是家庭成员发生职业流动的重要影响因素。个人成长机会与自我价值实现也显著影响地方高校教师流动，但受限于客观科研条件，他们的科研热情并不是很高，两极分化严重。

第二，组织因素引起的教师流动更多属于"被动流动"。正式组织的物理、技术环境对教师流动产生显性影响。地方高校在教学与科研的保障条件和环境等方面与部委属高校有较大差距，部委属高校的校均教育经费是地方高校的约 10 倍，校均科研经费，尤其是自然科学领域，是地方高校的 30 倍，加之，工作条件和环境相对较差，这些因素对地方高校教师流动产生直接影响。非正式的组织文化因素对教师流动产生潜性、根深蒂固的影响。参与性与一致性强调组织的内部系统、组织结构和流程的整合问题，适应性与目的性强调组织对外部环境的适应力，相比较外部适应力，内部整合对教师流动的影响更加显著。参与性的发展维度对青年教师的流动影响最为显著，组织文化的所有维度对不同工作角色的地方高校教师流动的影响存在显著差异，且对教师流动的影响显著于行政管理人员；教师更注重授权、团队导向、创新变革、发展能力，教师更忠诚于学科，行政管理人员更忠诚于组织。

第三，人际关系失调经常成为地方高校教师发生流动的直接原因，其中，教师与教师、教师与管理者之间的关系显著影响教师流动，后者已然上升为学术权力与行政权力的较量与制衡。自然、政治、经济等外部客观环境对教师流动影响显著，政治中心、经济发达区域、自然条件优越区域成为教师的主要流入地，教师流动经常是这些因素交互作用的结果。

第四章　地方高校教师流动的
三种价值取向

　　地方高校教师流动是价值主体的一种价值选择，本质上是要实现某种价值。"价值"现象虽然有着多样化的情景和表现，但它的发生和存在只有一个基础，即以人为主体的各种各样的对象性关系。主客体之间的相互作用是一个社会的过程，它的全部因素和环节都具有人的、社会的、精神的特性，马克思将其概括为人的主体性实践和认识活动所遵循的人类特有的"两个尺度"。① 他认为真正的人类劳动是一种自由自觉的活动，是一种实现人类本质力量的活动。在劳动这个具体的对象化活动当中，人类按照两个尺度来活动，即"对象的性质"所决定的客体尺度和人的"本质力量的性质"所决定的主体内在尺度。主体的活动总是要同时把这两个尺度"运用到对象上去"。② 人的"内在尺度"具体是指作为主体的人的自身结构、规定性和规律，包括主体的需要、目的性及现实能力等。在价值主客体关系中，主体的内在尺度就是价值尺度，是主体对某类事物的价值的根本看法，即价值观，主体基于意识到的需要，在认识和实践活动中对各种价值关系产生一定的认知，形成一定的价值观。③ 它决定了价值现象的本质和特征，是价值的根源。地方高校教师流动作为一种基本的人类活动现象，同样也遵循着这两种尺度。地方高校教师主体内在尺度构成了教师流动现象的价值根源，而主体的内在尺度总是包含着或明或暗的不同价值取向，不同的价值取向直接或间接地制约着主体的价值判断与选择。价值取向是产生何种价值行为的来源，进而实现何种价值。本章基于上文影响因素的分析，

---

① 李德顺：《价值论——一种主体性的研究》，中国人民大学出版社，2013，第48页。
② 《马克思恩格斯全集》第3卷，人民出版社，1995，第273~274页。
③ 吴向东：《论价值观的形成与选择》，《哲学研究》2008年第5期。

关注教师流动的动机、目的，探寻地方高校教师流动的价值取向，从认知层面回答"为什么要流动"的问题。

价值取向是指价值主体基于自己的价值观，在处理各种关系、矛盾与冲突时所持有的基本价值立场、态度和倾向。地方高校教师在发生职业流动时，基于对流动现象的价值判断，根据自身需求表现出一种或多种价值倾向性。出于教师主体的多元性以及需求的层次性、客体的多样性与满足主体的差异性等原因，地方高校教师流动的价值取向呈现多元性和冲突性。[①] 一部分主体倾向于物质价值，注重物质客体对主体的效应。在他们看来，物质价值的生产是其他创造活动和人的价值形成的基础。当个体尺度与社会尺度不一致时，他们更倾向于个体的功利，不讲社会集体功利；当物质尺度与精神尺度发生冲突时，他们更重视现实物质利益。这种物质价值取向本质上是以功利为最高标准、以个人利益为基础的幸福论和快乐主义——功利主义。[②] 另一部分主体倾向于精神价值，更注重精神客体对主体的效应，强调客体同人的精神文化需求的关系。[③] 对于组织中的人，这种精神价值主要表现为个体对组织的认同。组织认同是一种认知结构，表示个体对组织的认知和了解，对自己与组织之间的归属关系的认识。个体趋向于将自己和所属的组织、群体看成是交织在一起的命运共同体。[④] 而组织文化构成了组织认同的基本内容，并直接影响个体的组织认同度。个体通过对组织的核心价值观的认同来实现精神价值——文化认同。在个体与个体之间，这种精神价值主要通过人际关系来实现。源于血缘、姻缘的亲缘关系是以责任为媒介的最基本的人际关系，它是人的情感需求的重要组成部分。而基于地缘、业缘等的人际交往行为往往具有亲和动机、成就动机或者赞许动机。[⑤] 这种精神价值通常是通过情感需求的满足、良好的人际关系的形成或恢复来实现的。综上，基于价值取向的多元性和教师流动的不同影响因素，地方高校教师流动的动机、目的中隐含功利取向、文化认同取

① 董泽芳、黄建雄：《60 年我国高等教育价值取向变迁的回顾与思考》，《华中师范大学学报》（人文社会科学版）2011 年第 1 期。
② 李连科：《价值哲学引论》，商务印书馆，2001，第 228~240 页。
③ 王玉樑：《价值哲学新探》，陕西人民教育出版社，1993，第 216 页。
④ 苏雪梅：《组织文化与员工认同》，中国社会科学出版社，2012，第 30~59 页。
⑤ 彭璐、李海青编著《人际关系心理学》，清华大学出版社，2013，第 25 页。

向和人际关系取向三种不同的价值倾向。

第一节　功利取向

　　功利，即功效、利益，纯理论上，"效"即是"功"，"益"即是"利"，"效益"似乎是替代"功利"的理想名词。但实践上，"功利"的意义发生演变，带有一定的贬义色彩，主要指人们从个人私利出发，以获取利益为活动的出发点和最终目的的行为方式。在我国传统社会中，功利成为一种思想观念，从历史发展进程来看，我国社会有着悠久的功利观传统，春秋战国、西汉初年、两宋、明末清初等不同历史时期都出现"义利之辨"，如墨子推崇"义利并重"，韩非强调"贵利贱义"等，构成了我国传统社会功利观形成和发展的主要线索。

　　在西方，功利主义经由边沁提出、穆勒完善、西季维克反思、新古典经济学发扬光大，已经发展为一种资产阶级的伦理学说。功利主义理论认为，趋乐避苦是人生的基本目的，由此得到一个判断一切事物和一切行为的好坏标准，有助于产生快乐的行为就是好的，反之，就是坏的。[1] 功利主义学说确立了三个基本原则。

　　（1）功利原则。功利主义者认为，一个行为正确与否取决于行为后果，而非行为本身，道德标准归根结底是行为的功利，功利是判断行为正确与否的唯一准则。[2]

　　（2）最大幸福原则。所有利益攸关者的最大幸福是人的行为的正确正当的，且唯一正确正当并被普遍向往的目的，是一切境遇下人的行为，特别是行使政府权力的官员行为唯一正确正当并被普遍向往的目的。[3] 每项行动和措施正确与否都以"最大多数人的最大幸福"为衡量标准。

　　（3）个人利益是唯一现实利益。功利主义理论认为，大多数的好行为不是要利益世界，不是要利益个人，只要在谋个人私利时不妨碍别人的权利，这样做就是有德的。社会是一种虚构的团体，由被认作其成员的个人

---

① 王润生：《西方功利主义伦理学》，中国社会科学出版社，1986，第37页。
② 崔浩：《功利主义价值取向的公共政策及其实践反思》，《浙江社会科学》2009年第4期。
③ 〔英〕杰里米·边沁：《论道德与立法的原则》，程立显、宇文利译，陕西人民出版社，2009，第2页。

所组成，社会利益就是组成社会之所有单个成员的利益之总和。① 追求个人利益时，社会整体利益自然增加了，个人自身利益最大化与最终的社会利益最大化是同一个过程。

功利主义理论的核心是个人物质利益原则，认为趋乐避苦是人的自然本性，个人利益是一切行为的出发点和最终目的。人的自然属性使得人天生具有感性欲望，追求私欲。因此，在利义之间，功利主义重利轻义，更注重效用和功利，轻视道义、道德品质的作用；在物质和精神上，更重视物质价值而轻视精神价值；在时间向度上，功利主义强调现实物质利益，重视眼前利益，轻视长远追求，急功近利；在人与人之间的关系上，注重竞争，轻视协作；在个人与集体的关系上，注重实现自我价值，轻视社会、集体价值。

诚然，功利主义并非"唯利是图、利己主义"。功利主义者也提倡公平原则，追求个人利益时，不应以损害他人、集体利益为代价；追求物质利益时，也应兼顾精神需求。但由于理论自身的缺陷及阶级自身的局限性，集体利益最大化原则并不具有实际操作性。功利主义价值取向主要是利己的，在进行行为活动时，总是将自身利益看做是一切活动的根本出发点和归宿，并依此进行价值取舍。

一　个人利益与组织利益的价值冲突

在功利主义者看来，个人利益是唯一现实利益，社会、集体利益是单个成员利益之和。② 由此看来，满足个人利益是实现社会、集体利益的前提条件。当个人利益与社会、集体的终极价值目标一致时，个人利益构成社会、集体利益的一部分，自我价值的实现有助于社会、集体价值的实现。但现实情况是，个人利益与社会、集体利益的终极价值目标经常不一致，甚至形成价值冲突。在这种情况下，自我价值的实现经常是以牺牲社会、集体利益为代价的。

在地方高校教师的职业流动过程中，个人利益与组织利益的价值冲突问题时有发生。这里主要体现在教师基于个人利益流出时给原单位造

---

① 王润生：《西方功利主义伦理学》，中国社会科学出版社，1986，第83页。
② 〔英〕约翰·斯图亚特·穆勒：《功利主义》，叶建新译，江西教育出版社，2014，第19页。

成的利益损失，例如对地方高校的正常教学秩序带来负面影响，打破了地方高校原有的相对平衡的师资结构，对地方高校的科研团队建设造成困扰，相对于独立性较强的人文社会科学研究，理工类的科学研究更注重团队之间的协作，对团队成员的依赖性较大，往往一个学科带头人的流动直接影响学校该学科的整体发展。在这种情形下，组织利益成为弱者利益。调查显示，"在流动过程中，如果二者利益不能兼顾，您主要考虑的是个人利益还是组织利益？" 71.0% 的地方高校教师选择个人利益，只有 29% 的教师选择组织利益。这一结果有助于解释地方高校优秀师资流出，按照功利主义者的观点，个体的价值取向是利己的，当个人价值与组织价值发生冲突时，个体首先考虑的是个人利益。以下是笔者对 J 博士的访谈内容。

　　J 博士是位于湖北某地级市的地方高校的专职教师，他于 2003 年本科毕业后留校任教，2011 年考取湖北某重点大学的博士研究生，即将博士毕业。

　　笔者："你读博的学费都是单位帮你出的，而且读博期间单位每个月还给发放基本工资，毕业之后你会回去工作吗？"

　　J 博士："能够不回去，我肯定不愿意回去。虽然母校培养了我这么多年，且让我留校任教，也一直鼓励、支持我们年轻老师继续深造，这种支持不仅体现在精神上，也体现在具体的物质支持上，对我们在外求学的博士给予优待，总体来说，我还是很感激母校的。但是人往高处走，水往低处流，我觉得母校已经无法提供足够的发展空间了，母校对我有恩，但我不能以放弃自我价值的实现去回报母校，母校在待遇、科研条件、学术氛围等方面与其他学校有一定差距，而且这种差距不是短时间内可以缩小的，我不能因为母校的发展而耽误自己的个人价值的实现。在外求学的这几年，我的学术能力有所提升，发表了一些高质量论文，也获得了一些省部级课题，其中有一部分成果以母校为第一单位，也算是对母校培养的一种回报，我相信学校领导对我的选择也可以理解吧！即使他们不愿意我离开，我还是执意要离开，我可以考虑退还部分单位代缴的读博费用，我想任何一个有能力流动的教师都会跟我的想法一样，他们不会为了单位的利益而放弃个人的

利益和发展机会。"

这类问题是困扰地方高校的普遍问题，对于一些位于经济欠发达地级市的地方高校来说，引进优秀人才难度很大。具体原因有三：一是地域、政治劣势，由于我国高等教育资源分布的非均衡性，高质量的高等教育资源主要分布在东部地区、直辖市和省会城市，位于中、西部非省会城市的地方高校对优秀人才的吸引力有限；二是经济劣势，位于经济欠发达地级市的地方高校受当地经济环境影响，社会服务能力相对较差，仅仅依赖有限的财政供给保障基本的教学工作，当地政府对地方高校的财政支持力度十分有限，导致地方高校教师的待遇与其他高校相比有很大差距，地方高校教师的相对剥夺感很强；三是学校基础薄弱，这类地方高校大多是由中专或大专升格为新建本科院校，办学条件相对较差，办学模式也基本沿用原来中专或大专的传统的教学模式，科研基础条件和本科办学要求无法匹配，导致很难吸引高学历、高职称的优秀人才。

既然很难吸引外部优秀人才，地方高校也纷纷加大力度培养自己的在职教师，鼓励在职教师提升学历、参加各类进修和培训。地方高校教师对接受各类培训或进修积极性很高，但地方高校却往往会陷入两难境地。一方面，他们希望在职教师的教学和科研能力有所提高，支持其参加各种能力提升活动，减轻在职进修教师的工作压力，并给予一定的物质支持，为他们创造良好的学习氛围。另一方面，地方高校将有限的财政资源用于在职教师的人力资本投资，但在职教师学成回校的比例并不高，使得地方高校既想培训老师又不敢培训，J博士就是很好的例证。在调查中，本书也发现近5年来，地方高校教师实际参加各类培训、进修的次数并不多。整体上看，88.8%的地方高校教师表示参加各类培训、进修次数在3次（含3次）以下，37.7%的地方高校教师表示从未参加任何培训、进修，这个结果就可以佐证地方高校组织对在职教师培训的矛盾心理。进一步分析发现，青年教师参与的培训、进修次数要略高于中年、老年教师，这比较符合教师专业发展的基本规律：重视青年教师的专业发展。

按照功利主义理论，只有个人利益得到满足，集体、组织利益才能实现最大化，上述例子中，在地方高校组织的帮助和支持下，个人利益已经得到满足，学历、能力得到提升，如果教师个人利益得到满足后回原单位继续工作，固然可以实现地方高校组织利益的最大化，反之，教师学成后不回原单位工作，对组织来说，是一种无效人力资本投资，是组织利益的一种耗损。

J博士的职业流动意愿从某种意义上是一种主动流动，有着强烈的流动意愿，即使以赔偿一定的违约金为代价。而Z博士的流动意愿却没那么强，但原单位无法为其自我价值实现提供一个很好的平台。

Z博士是湖北某地级市地方高校计算机学院的一名专职教师，本科毕业后曾经在企业工作过一段时间，2005年硕士研究生毕业后到地方高校工作，按照当时学校的政策，单位帮助其解决家属问题，后在职攻读博士学位，2011年毕业后继续回校工作，2013年获批国家自然科学基金项目。因自我发展需要，现在已经和一省会城市的老牌本科高校签约。

Z博士："像我们这类学校，从原来专科学校转为师范本科，应用型地方高校对于老师体现自己的价值还是有一定限制。就我来说，最主要的原因就是个人原因，出于自身专业发展的规划，感觉在这里发展空间不够。我是学信息处理——模式识别与智能系统，一级学科是控制工程，回来之后，我到计算机学院，希望有更多时间做科研，按照上级主管部门的指导政策，对我们这类地方高校来说，要教学与科研并重，但实际操作上与这个理念相违背，还是以教学为主，科研基本可以忽略。从绩效考核看，即使是优秀的教授，不管你科研多么突出，最终还是按照你上课的课时费来计算绩效，学校的评价体制存在很大问题。当然，这类地方高校的发展现状有其历史原因，主要是财政经费方面的原因，他们没有能力去养活科研人员，地方财政没有支撑，即使学校想做科研，也无法做，这是地方高校存在的普遍问题。虽然我们学校也设置了专职科研岗等，但是科研岗位要依托院系，科研岗教师的绩效由院系发放，院系不愿意在科研上投入太多，院系要的是能上课的老师，因为学校财政经费有限，院系自己也很难从外部争取大量的科研经费。虽然学校也有相关政策鼓励科研，例如讲师、副教授、教授分别要拿多少科研分，但最后都无法兑现，在绩效考核时也无法实现，很多老师也完成不了科研任务。现有科研机制不利于教师的发展，如果没有职称的驱动，估计很少老师愿意做科研。"

"从个人发展的视角看，我回来之后，也想联合几个院系、一些老师建立自己的科研团队，后来发现实现不了。原因之一就是建立团队要依托院系，但是院系积极性不够，他们也不知道科研团队是怎么一回事，相反，他们认为建立团队会对院系发展带来一些困扰和麻烦，担心在绩效考核的时候无法通过，另外一个原因是学校管理理念的问题，学校的办学思想很浮躁，认为省级重点实验室申报很容易，只要申报上了，学校就给予配套资金。如果申报没有成功，则得不到任何支持。我认为，我们这类学校科研基础单薄，至少要经历三年、五年或更长时间的孵化过程，才可以慢慢取得一定科研成绩。我们的团队慢慢成长之后，才会在市场上有一定的竞争力，'成者为王，败者为寇'的思想不利于指导科研工作。我们学校每年有一定的科研经费，但是不知如何使用，完全可以抽出一部分专项资金成立科研团队，制定三年、五年科研计划，慢慢培养科研团队。比如三年内要求团队成员达到一定科研目标，将科研考核与职称挂钩。"

Z博士以人才引进的方式入职新单位，享受"特聘教授"待遇，物质上、学术上都得到一定的满足，相对来说，新单位科研条件比较优越，科研氛围较好，他被聘为硕士研究生导师，并配备相应的科研实验设备。他原本流动意愿不是很强烈，且是本地人，生活上也比较安逸，但是，随着时间的推移，他发现自己的学术才能完全无法施展，原单位不仅科研条件差，连基本的科研设备都不具备，更重要的是几乎没有科研氛围，科研激励机制也不完善。原单位无法为其自我价值的实现创造一定条件，此时，组织发展与个人发展不匹配导致教师为了自我价值的实现而背离组织的发展。

二　短期物质利益与长期学术发展的错位

功利主义者认为，趋乐避苦是人的自然本性，而人趋乐避苦的目的则是为了满足物质利益需求、感官快乐和肉体感受。功利主义追求个人物质利益最大化，而且更强调现实物质利益，短期物质利益优于长远利益，表现出急功近利的价值取向。在地方高校教师流动过程中，这种急功近利的价值取向表现得尤为突出，地方高校教师往往为了眼前的现实物质利益，而放弃个人学术发展机会。Z博士在发生职业流动前，曾经有过校内职业流动的经历。他博士毕业返校后原本是到计算机学院工作，从事与自己专业相关的教学与科研工作，但出于多种原因申请调到与自己专业不相关的学报编辑部工作。

> Z博士："我回来之后就很矛盾。年底绩效拿的很少，想做科研吧，如果不上课的话，连基本绩效都保证不了，我每周上12节或14节课，其实也不少，但年底绩效收入还赶不上一个普通的行政人员（科员），才一万多块钱，课上多了就没有时间做科研，我第一年回来年底拿了15000块的绩效，虽然博士津贴每个月600块，一年也就7000多块钱，还是很少的，根本无法养家糊口，我现在一年可以拿38000块的绩效，这么多钱，按照现在一节课40块的课酬标准，一个普通老师每周要上30节课才能挣得了。虽然在学报工作专业不对口，整天忙于一些事务性工作，但是经济回报比在学院上课要高得多。我也是迫于无奈，工作最终也得回归到生活。学校在人才政策上应该坚持'能者上'的原则，将那些优秀人才从繁重的教学任务中解放出来，并在经济上有一定的保障，让他们全身心投入科研中。"

从Z博士的这次校内流动经历可以明显看出，出于多方面原因，地方高校教师薪资不容乐观，为了保障基本的生活需求，地方高校教师宁愿暂时放弃自己的专业、学术追求。当地方高校教师的最低生活需求得不到保障的时候，学术发展需求就表现得不那么明显，他们甚至放弃对这种较高需求的追求。这在地方高校并不是特例，P博士的选择更能反映地方高校教师的生存现状。

> P博士是湖北某地级市地方高校政法学院的专职教师，科研能力突出，连续几年被评为学校"科研十佳"。当笔者问及其来校工作的原因时，他的回答让笔者震惊。
>
> P博士："我来这里工作有几个原因。第一，地级市生活成本比较低，生存压力不大。第二，学校提供安家费，还解决住房问题，这里的安家费比湖北另一所高校高两万，虽然另一所学校综合实力比这里

强，但是两万块钱在我没钱的情况下还是有诱惑力的。我读博士时是全脱产的，当时还要养家糊口，经济上没有收入。第三，这里可以解决配偶工作，孩子上学条件也还可以。总的来说，主要考虑经济因素，年龄问题可能对我就业也有一定的限制。虽然博士毕业时也有很多机会去发达城市，例如上海某一本院校，但是上海生活成本太高，有可能工作一辈子也买不起房子，也没有安家费、福利分房、配偶安置等优惠政策，在其他省会城市也有一些工作机会，但经济上都达不到我的择业预期，所以都放弃了。这里的科研平台的确很小，对我个人的学术发展的确不利，但是我也得考虑现实问题啊。"

P博士的回答淋漓尽致地反映了一些大龄博士的生存现状。现实经济困难是他们在短时间内无法凭个人能力解决的，为了给自己、家人提供相对较好的生活条件，他们不得不抑制自己多年以来对学术的执着追求，言语中笔者可以体会到他被现实生活所逼的无奈，他也一直没有放弃对学术的追求，待经济条件好一点之后，可能有发生职业流动的意愿。

引进优秀人才困难是制约地方高校发展最主要的因素之一，对于地方高校来说，引进优秀人才的成本极高，从湖北几所地方高校的博士引进政策就可以窥见一斑。G学院和W学院都是位于地级市的地方高校，从表4-1可以看出，两所地方高校引进博士的力度很大，在安家费、住房、特殊津贴、配偶安置等方面对高学历人才都有一定的优惠政策。据了解，即使提供这么多优惠条件，这类地方高校还是很难引进高质量的人才，被引进的大多是科研能力一般的已婚大龄博士，无形增加了地方高校的办学成本。安家费、住房等暂且不说，配偶安置给地方高校的长期发展带来很大困扰，由于配偶大多不具备担任专任教师的基本条件，那些专业性要求不高的教辅部门和机关职能部门就成为安置家属的主要部门，后果之一就是行政机构臃肿，在G学院，学校图书馆在编、在岗人员达80多人，成为家属安置的主要去处。而同类地方高校湖北J学院，由于地处省会城市，虽然综合实力与G、W学院相当，但人才引进难度相比要小得多，J学院给予博士的优惠条件只有一个，即给予正式事业编制，除此之外，无任何其他优惠条件，地域差异十分明显，这与湖北省省会城市武汉"一枝独大"的经济格局有很大关系，省会城市对周边城市不仅没有经济辐射作用，相反，对周边城市的优势资源还有一定吸纳作用。即使地方高校以高成本引进一些高学历、高层次人才，但出于科研基础薄弱、科研氛围不浓、科研经费支持不足等多方面原因，引进的高层次人才很难充分发挥他们的学术才能，引进之后的几年时间里，他们之间分化现象明显，一部分博士慢慢地融入到地方高校"重教学、轻科研"的氛围当中，科研能力不升反降，学历优势很快就不复存在了。另一部分有一定学术追求的博士往往在服务期限到期后就会考虑职业流动，即使引进了优秀人才，也没有办法留住他们。同时，考虑到地方高校职称晋升相对容易，很多博士在安家费领完（安家费一般是服务期内分期到账）且晋升副高职称之后发生职业流动，地方高校吸引高学历人才的优惠政策不仅没能留住优秀人才，也提高了地方高校的办学成本，同时，助长了高学历人才"重眼前利益、轻长远利益"的功利价值取向。

表 4-1　湖北三所地方高校博士引进政策比较

湖北 G 学院	湖北 W 学院	湖北 J 学院
1. 安家费 20 万 ~ 25 万元	1. 安家费文、理科 10 万 ~ 25 万元，工科 15 万 ~ 35 万元，特别优秀人才面议	博士研究生、副高及以上职称人员办理正式上编手续
2. 提供周转用住房一套（3 年周转期内免租金）	2. 住房 提供 2 室 1 厅过渡住房一套，服务期前 3 年内享受住房租金补贴 1000 元/月	
3. 享受 600 元/月的特殊津贴	3. 津贴待遇 ①教授、博士享受学校博士、教授同等待遇，享受特殊津贴 13000 元/年，博士另享受学历津贴 5000 元/年（博士后享受学历津贴 7000 元/年）； ②具有博士学位的副教授，三年内享受教授校内工资待遇；博士三年内享受副教授校内工资待遇	
4. 博士配偶有调入意向的，学校可安排工作，实行人事代理	4. 配偶安置 按照紧缺、重点、一般不同学科并根据配偶学历情况采取不同的配偶解决方式	
5. 提供科研启动经费：文科类 2 万 ~ 3 万元，理工类 3 万 ~ 5 万元	5. 科研启动费 社会科学类 2 万 ~ 10 万元，自然科学类 2 万 ~ 20 万元	
6. 无高级职称者，享受副教授岗位待遇	6. 给予事业单位正式职工编制	

资料来源：根据湖北 G、W、J 三所地方高校 2016 年人才招聘政策整理。

高等学校是创造、传播高深知识的象牙塔，高校教师则是高深知识的创造者和传播者，从事学术研究活动是其创造和传播高深知识的重要途径。"以学术为志"是对高校教师职业道德的基本要求。地方高校教师在职业流动过程中所表现出的"注重短期物质利益而轻视长远学术发展"的价值错位实质上是高等教育资源的严重浪费，不仅不利于地方高校教师个人的长远发展，也制约着地方高校的长期发展。

第二节　文化认同取向

文化主要指精神文化，尤其指思想价值观念和生活方式。认同是一种情感、态度乃至认识的移入过程。文化与认同结合起来形成特定的文化认同，是指人们在一个区域共同体中长期共同生活，对本区域的核心基本价值的认同。①

人类社会发展规律告诉我们，人是社会的成员，人的行为受制于政治、经济、文化等诸多因素。但是这些因素对人的行为发生作用的方式不同，政治因素基于"力"来控制和约束人的行为，经济因素基于"利"来诱导人的行为，而文化则基于"理"来影响人的行为。政治、经济因素直接对人的行为起作用，是一种显性作用，经济因素对人的行为起最终决定作用，但是文化因素对人的行为是一种潜在的、隐性的影响。政治、经济因素对人的行为的直接影响可以通过改变权力结构和经济结构来弱化甚至消除，但文化因素对人的影响由于是在外在事物内化为人的信念和价值观的漫长过程中形成的，其影响也是根深蒂固的。作为组织中的人，组织的信仰和假设（组织的架构、价值观、潜在基本假设）对组织成员的影响是一种潜移默化的影响，而组织成员个体是无法彻底改变组织的信仰和假设的，只能要么适应它，要么远离它。

大学组织不同于企业组织，企业组织利用企业制度的理性化设计（如程序严格、操作规范、有序高效）来提高企业组织绩效。大学组织是学术的文化组织，具有典型的文化特性。首先，大学组织的主体具有鲜明的文

---

① 郭晓川：《文化认同视域下的跨文化交际研究——以美国、欧洲（欧盟）为例》，博士学位论文，上海外国语大学，2012，第 8 页。

化特性。专职教师、行政管理人员、学生构成大学组织的主体，三类人员因其在组织中的作用不同，其文化表现方式也有所差异。教师处于学术事物的中心地位，他们是创造、生产、传播文化知识的主体，是最主要的生产要素。他们是优秀文化的创造者、承载者与传递者，他们与文化已经融为一体，成为高深文化的代言人。行政管理人员在维持大学发展方面起着重要作用，但他们在大学学术事务中所起的作用十分有限，主要是为大学学术事务提供后勤保障、管理与协调服务，其文化特性主要表现在管理文化与服务文化方面。学生则是文化知识的接受者、继承者、开拓者，他们通过学习过程将文化知识内化为学习能力，并应用到社会实践当中。其次，大学组织活动具有文化特性。大学组织活动直接与文化知识和学问相关，培养高级专门人才是大学的基本职能之一，人才培养过程就是一个文化传递、创造过程。探究高深学问是大学的另一个基本职能，对高深学问的探究是无止境的，"以学术为志"是文化知识得以繁衍和创新的不竭动力。学问的探究不仅超越了年龄的界限，老年人和青年人可以共同对学问进行探究，它也超越了物理空间的限制，世界范围内的学术交流加快了文化传播的速度，也促进了不同文化之间的融合、创新。最后，大学组织形式呈现明显的文化特性。大学组织不同于其他生产、经营性组织，它是社会公益组织，组织目标具有多样性，且在短期内难以对其进行评价。大学是进行文化传播和探究的社会文化组织，教师的教学和科研工作具有一定的创造性和独立性，加之高深学问具有高度的专业性，各专业间的距离较大，使得大学组织不同于其他科层组织，等级性较弱（虽然大学中的事务性部门也具有科层制的某些特征，但仍具有一定文化性），结构平坦，联合松散，松散结合的系统使得大学组织处于"有组织的无政府状态"，它以文化的形式将这种看似松散的结构紧密地结合在一起。[①]

大学的组织文化特性使得它不可能像其他企业组织一样，用物质或其他量化标准来评价，大学组织应该坚守自己的"文化"本色。大学组织要生存下去，都必须解决组织的存续与适应外部环境问题和组织内部的整合问题，前者是一种"外协调"或"外适应"，后者则是一种"内协调"或"内适应"。因此，大学组织的外部文化和组织的内部文化是组织持续生存

---

① 张应强、高桂娟：《论现代大学制度建设的文化取向》，《高等教育研究》2002 年第 6 期。

的信念和假设。组织的这种信念和假设影响组织成员的个人行为，这种影响必须借助于组织认同的中介作用来实现。组织成员对组织文化认同度的高低直接影响其组织认同度的高低，组织认同直接影响组织成员的行为。如果组织成员对组织的文化认同度较高，对组织的认同度自然较高，组织成员就会表现出较高的组织忠诚度，更愿意为了组织绩效努力工作；相反，如果组织成员对组织的文化认同度较低甚至反认同，对组织的认同度也会很低或者不认同，组织成员则表现出较低的忠诚度，表现出较强的离职意愿。

一 组织外部文化适应与教师认同

外部环境既是地方高校组织得以生存和发展的先决条件，又是威胁地方高校组织存在的根本原因。完全顺应环境，必然以泯灭组织的内在基本特质为代价，组织文化将逐渐失去其独特性。拒斥环境要求，一味陶醉在封闭的"象牙塔"内，大学组织必将失去维持其生存的基本条件。这就是大学组织面对环境时无法回避的"两难"抉择。① 地方高校组织的外部环境适应主要体现在组织声望、大学自治两方面。

1. 组织声望与教师认同

组织声望是公众对组织的认可程度，代表着一种权威性的名声。组织声望正向影响员工的组织认同度，员工正是通过将自己归属到某一特定的组织而感到自豪。② 外部组织声望知觉是一种强烈的折射镜，它不仅能够反映出社会公众对组织的社会评价信息，外界是如何看待组织和组织行为，还能折射出外界对"组织中的我"的评价信息，从而可以指导组织成员如何把握个体自我与组织之间关系距离，因此，组织声望知觉对员工的组织认同感有一定的预测作用。调查中，本书发现，组织声望在来校工作十六种原因中是第五重要原因，且学历高低与组织声望的选择正相关，博士学历教师选择这一原因的比例最大，这一方面说明，高学历教师更看重外部组织声望知觉，更加关注外界对"组织中的我"的评价。另一方面说明，

① 阎光才：《识读大学——组织文化的视角》，教育科学出版社，2002，第175~176页。
② 董海樱、方建中：《高校教师组织认同探微——基于浙江省高校的实证调查》，《教育发展研究》2012年第1期。

高学历教师作为地方高校科研与社会服务的中坚力量，组织声望对其科研项目申报、社会服务机会都有直接影响。地方高校组织不仅看重社会公众对所在组织的评价，也更看重基于与组织的关系而产生的组织身份认同。组织声望不仅影响社会公众对地方高校组织的认同度，也直接影响社会对地方高校教师的认可度。调查显示，累计 64.3% 教师认为学校声望对其职业流动"影响较大"和"影响很大"。对地方高校教师来说，物质上的收入差异的确会对其流动产生一定作用，但在调查中发现一个奇怪的现象。部分教师流动到新单位的物质待遇与原单位相比，并没有明显的优势，但他们还是选择流动到组织声望相对较好的地方高校或者部委属高校。单就组织声望来说，这些发生流动的教师明显感觉到自己的处境与某种标准或参照物相比较时处于一种劣势，会产生一种相对剥夺感。

> F博士原是湖北某地方高校教育学院的教师，博士毕业后流动到一所同类高校。
>
> F博士："单从经济回报看，跳槽后，我的总收入并没有明显变化，但收入不是我跳槽的主要原因。从学校综合实力看，新单位有一定的优势，但没有质的差别，都属于省属普通一般本科高校。但是这个学校的名气要比原单位大点，这所学校是大学，而原单位还是学院，历史也悠久点，学科实力也可能强一点，这些虽不是什么质的差别，但对于我申报科研项目有一定的影响，这个学校和学院的声誉都比原单位要好，在学术圈里的认可度相对要高一点，甚至在发表论文时，挂这个学校为第一单位也可能好一点。还有很重要一点，这个学科有硕士点，虽然不能跟其他重点大学的硕士点相比，我们的硕士招生情况也不容乐观，但至少对我们老师的发展还是有一定好处的。学校的平台大一点，声望高一点，对老师的发展有利点，在学校内部我们可能感觉不明显，但当我们在参加学术交流或者进行社会服务的时候，相对于原单位来说，这种优势就比较明显了。"

从F博士的回答中不难看出，地方高校教师很注重组织外部对自身及所在组织的评价，组织的外部声望知觉也称为建构的外部形象，它反映的是"外部人士是如何评价组织的个体信念"，当教师个体认为外部人士对其所在组织的内部氛围与机制有一个积极的评价时，他会在"沾光效应"的作用下，认为自己也很优秀，自己不是普通学校的普通教师，个体的自我实现的需求得到一定程度满足，个体对组织的认同度有所提高。[①] 在这个过程中，教师的自我认同与组织认同都相应得到提高，教师的组织归属感增强，工作积极性也相对较高。

2. 大学自治与教师认同

自治是高深学问最悠久的传统之一，大学自治是现代大学的普遍精神和价值诉求。何为大学自治？希尔斯认为："大学自治是指大学作为法人实体，其行为不受国家、任何其他私人、公共法人社团干涉的自由。它有能力代表大学就大学事务做出决定的自由。"[②] 换句话说，大学自治就是大学自己决定和管理大学内部的事情。从内容上看，既然大学是法人实体，它就应该广泛控制学术活动，有权决定开设哪些课程以及如何教授课程，有权决定谁有资格学习高深学问、谁已经掌握了知识并应该获得学位，也更清楚谁最有资格成为教授。[③] 因此，大学作为一个整体机构进行自我管理，它应该在组织机构管理、资金控制、教师聘任、学生招生、课程设置与评价、学位授予等方面享有充分的决定和管理的自由。从主体上看，大学自治应该包括两方面，一方面是大学作为一个整体机构，它应该能够抵御外部势力对大学事务的干预，另一方面是大学组织以团体的名义而不是个人的名义自主决定和管理大学事务。

我国是一个高等教育集权制国家，在某种程度上，大学是政府的附属机构。政府更倾向于控制大学组织，市场则不断利用利益来刺激大学组织，政府与市场的角色发生错位，在政府与市场的双重冲击与诱惑下，大学组织的自治权不断遭到侵犯，大学自治的边界不断缩小。笔者就此访谈了地方高校的校长及相关职能部门的主要负责人（人事处、招生处等）。

校长："大学自治是大学的基本传统之一，也是大学精神的守护神。如果大学自治权受到来自政府、社会、市场等诸多外部因素的干

---

① 李永鑫等：《组织竞争与教师组织认同的关系机制》，《心理发展与教育》2010年第1期。
② 〔美〕爱德华·希尔斯：《学术的秩序》，李家永译，商务印书馆，2007，第283~284页。
③ 〔美〕约翰·S.布鲁贝克：《高等教育哲学》，王承绪等译，浙江教育出版社，2001，第31~32页。

预，大学不能有效抵御这些外部力量的干涉，势必会影响大学的长远发展。但是，对于我们这些相对弱势的地方高校，我们的生存与发展也离不开这些外部因素，我们也一直处于'两难'境地。对于我们这类服务于地方的应用型高校，经常会受到来自地方政府的干预，当然，他们的干预主要表现在对学校的外在的、非专业领域的干预。就拿一个刚刚发生的例子来说吧，我们学校新体育馆的建设就多次遭到市政府的干预，原来我们是想将我们的图书馆建得更富有文化底蕴一点，更能体现我们学校的文化和精神，后来市政府领导来检查工程进展，觉得现有的建筑风格不够大气，不足以展现一座城市的精神风貌。后来，只有将已建好的部分拆掉重建，这一拆一建，动辄上千万元的损耗。遇到这种情况，我们首先肯定是要表达学校的诉求，但有时我们也很无奈，地方高校的发展离不开地方政府、地方经济的支持。"

人事处："总体上，我们会坚持公平、公开、公正原则，但我们在人才引进、教师聘任、职称评审等过程中经常会处于一种尴尬境地，特别是在教师员工的聘任时，表现得非常突出，对于一些专技岗的干预可能少点，因为符合条件的教师也有限，管理岗的聘任就比较麻烦了，因为这些岗位专业性要求不强，符合条件的人就比较多了。"

招生办："现在是阳光招生，网上投档，对于普通生的招生是相对公平的，但对于一些艺术类专业的招生，外部人为因素还是对我们的招生工作有一定的干预，会影响我们招生的公平性，我们对这类事情也是深恶痛绝，也想做到绝对公平，但目前的招生机制还存在一些漏洞，还无法完全避免这类问题发生。"

从以上对校长到相关职能部门负责人的访谈中，可以看到，外部力量对大学组织的干预是如影随形的，外部力量的干预已经渗透到地方高校组织的各个角落。而对于外部力量对地方高校组织内部事务的干预，尤其是来自地方政府的干预，地方高校组织抵御外部干预的力度有限，外部力量对地方高校的支持与干预往往是同时进行的，地方高校经常处于这种有限抵御的矛盾之中。其实，自改革开放与市场经济体制改革以来，扩大高等学校的办学自主权一直是高等教育改革关注的重点，经过几十年的努力，我们也取得了一些成绩，高等教育七项办学自主权在《高等教育法》中有明显体现，且自主权也有所扩大，大学之外的权力格局发生巨大变化，政府垄断高等教育的局面有所改观，教育权力逐级下放。但是，扩大办学自主权并没有达到预期效果，却带来了另外一个后果，大学行政级别泛化现象愈演愈烈，高等教育场域中的"官本位"思想越来越重，使得大学行政化问题成为社会关注的焦点问题。①

当前，在地方高校，大学自主权得不到有效保障与大学行政化严重问题并存，为了在谈判中获取有利地位，各高校纷纷强调自己的行政级别。在我国，教育部重点大学赋予副部级别，省属本科院校赋予厅级，高职高专赋予副厅级，以此类推。行政级别的获取并没有使高校组织在与外部力量谈判时获取有利地位，相反，受学校行政级别的影响，这种行政化问题在大学内部得到强化，而这与大学自治的宗旨是相违背的。其直接后果就是处于教学、科研一线教师的权利得不到保障，教师对学校组织的认同度降低。

二 组织内部文化协调与教师认同

一个组织如果不能处理好内部成员之间的关系，就不能顺利完成组织任务和实现组织的生存与发展。处理好组织内成员关系和组织完成任务是同时进行的。要处理好内部成员之间的关系，聚集在一起的个体就必须建立一套沟通体系并形成一种语言，以便设定目标、解释和管理组织内所发生的事情。相反，如果组织中的成员使用不同的范畴体系，关于意义范畴的假设各不相同，他们不仅不能在所工作的内容上达成一致，甚至在很多问题的界定上也无法达成一致，因此，一套共同语言和共同的概念范畴对于建立任何类别的共识以及任何沟通过程都是必要的。② 如果这套体系为组织成员广泛接纳，并自觉将个人价值观与组织价值观融为一体，对提高成员的组织认同度则具有正向作用。地方高校组织内部文化协调主要表现为组织氛围与学术自由两方面。

---

① 茹宁：《从学术自由与大学自治的关系看我国大学"去行政化"改革》，《高教探索》2011年第2期。
② 〔美〕埃德加·沙因：《组织文化与领导力》，章凯、罗文豪、朱超威等译，中国人民大学出版社，2014，第81~85页。

1. 组织氛围与教师认同

组织氛围是影响组织成员工作绩效和创造力的重要因素。组织氛围是指在某种环境中组织成员对一些事件、活动、程序以及那些可能会受到奖励、支持和期望的行为的认知。这种认知与组织成员的思想、情感、行为息息相关。根据这一定义，结合地方高校组织的特性，地方高校组织氛围具体表现为学术氛围、工作氛围、激励氛围、管理氛围等方面。组织氛围可以分为两种性质，一种是支持性组织氛围，它鼓励组织各层次的信息自由公开交流，组织上层关注下层的需求并为他们提供必要的资源，注重组织成员的工作自主性，组织内部相互支持与协助；另一种是控制性组织氛围，它限制了工作方式，被誉为"创造力杀手"。[①] 良好的组织氛围是组织的一种无形资产，可以让组织成员明确组织的期望，更好地定位自己的工作角色，以提高组织绩效，同时，也可以提升组织成员的工作满意度，降低离职率。

相对于研究型大学来说，地方高校学术氛围没那么强，是以教学为主的。很多地方高校教师基于职称晋升的功利驱动，被动地进行科学研究，甚至部分教师不知科研为何物，这样的学术氛围对一些希望在科研上有所发展的地方高校教师来说无疑是一种障碍。随着高等教育的进一步发展，地方高校对科研的需求越来越明显，对科研的投入不断增加。各地方高校为了组织的长远发展，纷纷引进一些高层次、高学历人才，这些优秀人才大多接受过规范的学术训练，他们完全具备科研的基本条件，如果组织能够为他们提供必要的科研设施，加之自身的努力，还是可以取得一些科研成绩的，可以不断调适地方高校教师为了职称晋升而进行科研的功利取向。但是良好的学术氛围的营造是一个长时间的过程，管理氛围、激励机制都起着很重要的作用。单纯的高成本引进高层次人才，不注重对科研人才的有效管理，有效激励机制的缺失，不仅不能充分发挥优秀人才的作用，达到工作的预期目标，反而会造成人才的闲置、损耗。

Z博士：我们学校每年人才引进的力度还是很大的，你从人才引进的待遇就可以看出来，安家费比一般同类学校都要高，也解决住房、

---

① 王端旭、洪雁：《组织氛围影响员工创造力的中介机制研究》，《浙江大学学报》（人文社会科学版）2011年第3期。

配偶安置等问题。我们给予高层次人才的待遇对于吸引外部优秀人才还是有一定竞争力的。我们每年也引进了一些高层次、高学历人才，经过几年的服务期工作，这些优秀人才两极分化十分严重，一部分教师仍然保持自己的学术追求，取得了一定的科研成果，另一部分教师的科研优势越来越不明显，除了学历高一点，和原来在职教师没有本质区别。这里至少可以反映两个问题，一是我们的学术氛围的确不够浓厚，大家都没有自觉提高科研的积极性，目前的学术氛围不能有效激发大家的科研动力与创造力。二是我们的管理、激励机制不够完善，奖惩不分明，使得那些引进的优秀人才慢慢蜕化为普通人才。后果就是，服务期限到后，一些仍然保持学术追求的老师为了实现自我价值发生职业流动，而另一部分留下来的高层次、高学历教师发挥不了应有的作用。

从对 Z 博士的访谈中，本书发现，组织氛围对组织绩效有重要影响，良好的组织氛围类似于一个"搅拌器"，它能促进组织成员快速融入组织氛围中，对于激发组织成员的潜能有积极作用。相反，欠佳的组织氛围就类似于一个"过滤器"，它能将组织成员分为两类，过滤器上面的成员因为从现有组织氛围中找不到与个人价值观匹配的共识认知，组织认同度降低，离职意愿较强，过滤器下面的成员继续沉浸于现有组织氛围中，发挥不了应有的作用。

2. 学术自由与教师认同

大学的根本属性是学术性，学术性贯穿于大学始终，是支配和决定大学组织一切活动的根本所在。自由则是学术生命的源泉，没有自由，学术发展就是无源之水，失去发展的活力。因此，学术自由是现代大学的核心使命之一。何为学术自由？不同的学者分别从消极层面和积极层面来界定学术自由，我们通常所说的学术自由是消极的学术自由。它是指学术主体的学术活动不受外部干扰与强制。这里的学术主体包括大学组织机构和从事学术活动的教师，相对于组织外部来说，大学组织有自己决定和处理学术事务的自由，即是大学自治的自由。相对于内部来说，从事学术活动的教师有选择自己研究内容的自由，研究过程中，不受外界的干预与强制，并有按照自己的想法教授自己研究的内容的自由。关于大学自治，上文已做讨论，这里，本书主要关注"学术人"的自由。对从事学术活动的干预和控制有时并非来自组织外部，相反，是来自学术组织内部，这种内部的干预和强制往往是学术组织自治或自主管理下的强制，是集体学术自由意义上的强制。① 从事学术活动个体的自由与组织机构的自由经常是矛盾的，这也是大学组织内部管理者与教师相互指责的原因。

组织内部管理者与教师的矛盾在地方高校表现得更为突出，地方高校以教学为主，科研所占比重有限，这就使得学术权力在地方高校被边缘化，管理者的行政权力被无限放大。当学术权力不足以抗衡行政权力时，学术权力被侵害的问题就时常出现。在地方高校，从事学术活动的教师往往是弱势群体，学术自由被侵害严重阻碍了学术的健康发展。这会导致两个后果，一是从事学术活动的教师为了捍卫自己的学术权力，不得不从行政上找到一个"保护体"，这就是为什么地方高校的学科带头人往往也是行政负责人，这种"官本位"思想不利于学术的长远发展，也会助长学术的功利性。另一个后果，就是优秀科研人才的流失。他们正常的学术自由得不到保障，学术权力被侵害，只有到组织外部寻求学术自由与学术权力。

　　X博士："在我们这类应用型地方高校，教学是我们的主要任务，学术是可有可无的。学术自由权被侵害是常有的事，即使被侵害也觉得是情理之中的，就拿最简单的来说吧，我们连基本的教学自由都得不到保障，一切以教学为重，当学术活动与教学活动发生冲突的时候，我们首先得确保正常的教学秩序，否则就是教学事故，在我们学校，你可以不做科研，但绝对不能出教学事故，这在职称评审时是一票否决的。我们授课的内容也是有严格限制的，什么可以教，什么不可以教都必须严格遵照教学大纲，否则就会被认为是'不务正业'，我们的教学内容受到教学管理部门监督，上课时，教学督导可以随时进入我们的课堂，对我们的教学'指手画脚'，我们连基本的教学秩序都难以保障，有的教室安装有监控，我上课时连教学用词都必须谨慎。当教师的正当学术权力遭到侵害时，我们也没有机会得到申述和救助，标榜为行使学术权力的学术委员会也沦为一个行政机构，学术委员会成

---

① 冒荣、赵群：《学术自由的内涵与边界》，《高等教育研究》2007 年第 7 期。

员绝大部分是行政负责人。一线从事教学、科研的教师是地位最低的群体。"

学术自由是大学发展的基本原则和最高价值取向，它应该是一个综合的价值标准评价体系。一般来说，大学学术自由程度越高，大学发展的水平就越高，反之，就越低。① 但是在地方高校，学术自由被侵犯，学术秩序被打乱，学术成果被忽视，已经形成一个恶性循环。一方面，学术"外在自由"的政策法规不健全，学术自由的基本程序合法性得不到保障，另一方面，学术"内在自由"的理念认同度不够高，对学术自由的内涵和本质缺乏正确理解。殊不知大学实质性的发展是"学术人"的发展，学术自由是从事学术活动的教师自我发展和学校组织发展的基本条件。因此，捍卫学术自由，要求地方高校组织一方面为学术发展提供基本的物质、经济条件和制度保障，另一方面，为学术发展营造一个宽松、自由的氛围。

第三节　人际关系取向

人与环境的基本互动方式包括两种：一种是个体融入或者配合其自然环境的一套生活适应方式，我们称之为"自然取向"；另一种则是指个体融入或者配合其社会情境的一套生活适应方式，我们称之为"社会取向"。而社会是以各种关系联合的人的集合，在儒家看来，人的正确行为的本质是如何处理人与人之间的关系，个体的生命是不完整的，因此，儒家思想强调个体之间的基本关联，人际关系对于人类性格形成以及个体生命意义的追求有重要意义。人际关系是指个体间的各种关系，或个体与他人之间的心理距离。② 费孝通认为传统中国社会生活中人与人的关系是一种"差序格局"。差序格局就好像丢一块石头到水里面，从而形成一圈圈推出去的波纹，每个人都是他所影响的圈子的中心，离心越近，关系越亲。在差序格局中，社会关系是从"己"一个一个人推出去的，逐渐形成一个社会网络。而这种推移的动力是以家庭为核心的血缘关系及由血缘关系投影

---

① 康翠萍：《学术自由视野下的大学发展》，《教育研究》2007 年第 9 期。
② 翟学伟：《中国人际关系的特质——本土的概念及其模式》，《社会学研究》1993 年第 4 期。

的地缘关系，血缘关系与地缘关系交织在一起，在此基础上形成中国传统社会人际关系的差序格局。[①] 差序格局的提出是对中国传统社会人际关系和行为倾向的形象概括，虽然受"传统社会"的限制，但是对现代中国社会人际关系还是有一定解释力的。中国台湾学者杨国枢也认为中国社会中的各种关系的亲疏具有差异，依其亲疏关系，他将中国社会的人际关系分为家人关系、熟人关系、生人关系三类，其中，家人关系是指个人与其家人（父母、子女、兄弟、姊妹及其他家人）之间的关系，熟人关系是指个人与其熟人（亲戚、朋友、邻居、师生、同事、同学及同乡等）之间的关系，生人关系是指个人与生人（与自己无任何直接和间接的持久性社会关系的人）之间的关系。针对亲疏程度不同的人际关系，中国人的人际关系原则也大不一样，在家人关系中，彼此讲责任、义务，尽可能保护家人的利益，在熟人关系中，彼此讲人情，相互之间通融、依赖，对于生人，则讲利益，按照当时的实际利害情形行事。两位学者都认为社会人际关系中存在差序性与等级性，也都强调中国社会结构互动中采取的是一种特殊主义的关系取向。在此基础上，笔者构建了一个中国社会人际关系模型（见图4-1）。以"我"为中心，依据亲疏关系分为三个圈层，每一圈层与"我"的亲密关系不一样，在熟人圈层中，也包括家人圈层，人际关系是基于亲缘（包括血缘和姻缘）和地缘建立的直接联系，并以习俗型信任为特征，是一种礼治社会，在陌生人圈层中，则以契约型信任为特征，是一种法理社会。

在以"礼"为规范的熟人社会中，"礼"对其社会成员的作用可以表现为两个方面。一方面是对社会成员的约束作用。社会成员必须严格遵从那些成文或不成文的"礼"，或者称为"习俗"，"礼"对成员的日常行为有一定的指导意义，以维护社会中正常的人际关系，对违背了"礼"的成员有一定惩戒作用。违背了"礼"意味着在既有的熟人社会中失去了基本的人际信任，在熟人社会中，人际关系失调则很难继续生存下去，要么改过自新，洗心革面，换得社会成员的宽恕并重新回到熟人社会中，要么离开熟人社会，重新构建自己的人际交往圈。另一方面"礼"对圈外的陌生人有一定排斥和提防作用。"礼"是其社会成员共享的基本规范，它对内规范成员的基本行为，对外则保护成员的基本利益，没有一定的血缘、姻缘、

---

① 费孝通：《乡土中国》，人民出版社，2008，第26~34页。

地缘、业缘等关系，很难融入熟人圈层，这就使得圈外成员努力寻求各种拟似亲缘关系，试图融入熟人圈层中，换取他们的信任。因此，从"礼"的内外作用可以看出，当成员的人际关系失调时，"礼"的约束作用对于其流出熟人社会有一定的"推动"作用，同时，"礼"的排外作用对于那些身在他乡的熟人社会成员则有一定的"拉动"作用。

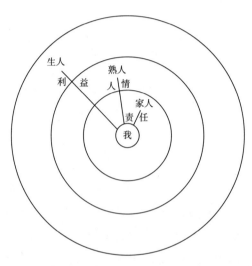

图 4-1　中国社会人际关系模型

一　人际关系的"推力"与教师流动

在地方高校组织中，学校场所的固定性将教师局限于相对封闭的空间里，由于流动性不强，很多教师一辈子只在一所高校工作，加之，很多地方高校将提供住房作为人才引进的优惠条件之一，相对集中的教师住宅区、教师公寓等为教师的群居生活创造了条件。教师们长期工作、生活在封闭的空间里，"教室—办公室—家"是其主要活动路线，工作、生活比较单纯，活动区域相对封闭。这种基于地缘、业缘的关系使得彼此非常熟悉，形成了一个以教师为主体的熟人社会。以知识分子为主体的地方高校教师思维活跃、背景复杂、独立性强等特点决定了其社会之"礼"有别于其他社会群体。当人际关系出现不和谐因素时，其约束作用会更加明显，对教师的流动可能会起到推波助澜的作用。在笔者的访谈对象中，有几位教师的离职原因基本是相似的，我们以 Y 老师为例。

Y 老师是某地方高校文学院的副教授，同时是学院的副院长，离婚后选择离职。

Y 老师："在事业上，我对自己的现状还算满意。硕士毕业后来这里工作，算起来也有十几年了，由于工作表现较好，得到领导和同事的认可，我的工作积极性较高，职称晋升比较顺利，后来也得到学校领导重用，让我干学院的副院长。总体来说，学校培养了我，我对学校也比较认同，愿意为学校的发展尽力。但是，我的个人生活却不尽如人意，家庭不幸福，我和妻子原本是一个单位的，现在我已经和妻子离婚了。对一个大学老师来说，家庭不幸福的负面影响要远远超过社会其他群体，我们这里其实是一个熟人社会，大家工作、生活都在一起，同事之间相互比较了解，信息流通比较快，离婚后，家人、朋友、同事、领导都会对我有一个重新认识，在学校范围内，无论干什么事情，我始终走不出离婚的阴影。为了开始新的生活，我必须放弃眼前的一切。"

很明显，Y 老师的流动是一种被动流动，他对组织的认同感较强，也能从组织中找到一种归属感，但是对组织的归属感因家庭的破裂不复存在，姻缘关系破裂。一方面，在既有的生活圈里，对家庭的情感社会需求已经无法得到满足。另一方面，在熟人社会的"单位"中，这种社会需求的缺失将会进一步被强化。受儒家文化的影响，传统中国人的心理与行为很容易受到他人意见、看法的影响，希望给他人留下好印象，尽力与他人言行一致。在积极方面，尽量获得他人的赞同、接受、帮助及欣赏。在消极方面，则表现为避免他人的责罚、讥笑、拒绝、尴尬及冲动。[1] Y 老师离职的选择行为就是为了避免这种与熟人相关的讥笑、尴尬、责罚。夫妻关系是传统中国社会五伦关系之一，夫妻关系不和与儒家文化的"夫和妻柔"的对偶关系是相违背的，被认为是"不光彩"的事情，使人没有颜面面对那些天天工作、生活在一起的熟人，同时，由于高校教师是文化程度相对较

---

[1]　杨国枢：《中国人的心理与行为：本土化研究》，中国人民大学出版社，2004，第 109 页。

高的群体，他们更加在意"名声"，婚姻关系破裂对其精神上的冲击远胜于其他方面。来自家庭的社会需求得不到满足，加之，离婚对自己在处理同事关系、朋友关系时有一定的负面影响。Y老师不得不放弃既有的利益，包括职业发展的机会、在长期工作和生活中所建立的各种社会关系以及在社会结构中所处的位置所带来的社会资源。步入一个新的生活圈，意味着与原有生活圈的断裂，对既得利益的放弃。姻缘关系的破裂使得Y老师情绪低落，将自己封闭在一个狭小的空间里，不愿与人交流，疏远领导、同事以及学生，工作消极被动。姻缘关系破裂负向影响业缘关系，人际关系的失调直接影响教师的工作绩效，甚至连正常教学、科研工作都受到影响。此时，熟人社会中的人际关系失调直接推动了Y老师的离职。

在调查中，本书还发现一些教师由于不善于处理熟人社会中的人际关系，不愿意遵从所谓的"礼"，虽然在教学、科研方面都表现得不错，但往往感到很孤独，缺乏安全感，很难融入现有的人际圈，表现出很强的流动意愿。

二 人际关系的"拉力"与教师流动

在熟人社会中，人际关系对外表现出一定的排斥作用，对内部成员除了约束作用以外，还有一定的吸引作用，或者说"拉力"。因为亲缘、地缘关系一旦形成，除非特殊事件的发生，否则它们将会持久发生作用，而且内部的关系较为复杂、稳定，且具有较高的信任度。对那些暂时游离于圈外的社会内部成员表现出较强的磁铁效应。

> C博士："我到这里来工作主要基于两个方面的考虑。一是这里能解决家属问题，我觉得学习的终极目的也是过上好的生活，如果不考虑家属原因，我找工作还是有很大选择余地的，虽然当初读博士是想充分实现自我价值，希望在学术上有所发展，但是面临现实问题，自我发展的需求应该放在来自家庭的社会需求之后，没有一个幸福、安逸的家庭环境，我觉得其他的追求都是本末倒置。二是这里有很多亲戚、朋友、熟人，我是本地人，幼儿园到高中阶段的学习都是在这座城市完成的，我的亲戚朋友也都居住在附近，还有很多同学也都生活在这里。从大学开始，我一直在外地求学，身在他乡时常会感到孤独，回到这里，我可以找到一种家的感觉，不会有漂泊感。"

单从自我发展来看，现单位固然达不到 C 博士的择业预期，但是，面临来自家人、亲戚、朋友的情感社会需求，他宁愿放弃这种自我发展的机会。在传统的中国社会，社会取向是人们生活圈内的主要运作形态。[1] 在处理人际关系时，主要表现为一种融合趋势，努力使自己融入或顺从环境，表现为对关爱、人际关系、美感经验、团体情操的追求等。[2] 对于已经建立的人际关系具有很强的依赖性，而且这些基于婚姻关系的家人、基于血缘关系的亲人、基于学缘关系同学等人际关系是人际关系质量的重要保证，个体对这类人际关系有着特殊的认知和感受。他们属于人际或社会关系中较亲密的关系——家人关系和熟人关系，而不是生人关系。以自我为中心的熟人圈越大，它的扩散能力也越强，也更利于建立稳固的、广泛的交际圈。

人际关系的"拉力"还表现在关系的互惠性（回报）上。在现实生活中，社会关系的对偶角色是互惠的，这种互惠并不限于表面上的，有些互惠则是隐性的。有些是精神性、情绪性或行为性的互惠，有些则是实质性、物质性的互惠。[3] 在传统的中国社会，这种互惠性表现为特殊的人际资源，即人情与面子，基于亲缘、地缘、业缘、学缘关系构建一个特殊的人际网络，在这个网络中采取特殊主义来处理社会人际关系。本书对一些有流动经历的教师进行跟踪访谈，发现部分教师能够顺利流动到新单位与其熟人社会中的各种人际资源有一定关联，其中，学缘关系表现得最明显，他们可以凭借与自己的导师、同门的关系获取一定的学术资源，然后依托着这种学术资源实现职业流动。

熟人社会中人际关系的"拉力"也有助于解释地方高校中本地人占有相当比例这一现象。本地人不仅在适应本地的气候、风俗习惯等方面有一定的优势，更重要的是原有的基于亲缘、地缘关系所编织的社会网络可以进一步得到修复，还可以与业缘关系交织在一起，在人际关系处理上占一定优势，随着社会网络的进一步扩大，其原有的熟人社会关系将愈加紧密，具有"内卷化"趋势。相对于外地人来说，本地人有更广泛的人际交往圈，

---

[1] 杨国枢：《中国人的心理与行为：本土化研究》，中国人民大学出版社，2004，第91页。

[2] 杨国枢：《中国人的心理与行为：本土化研究》，中国人民大学出版社，2004，第88页。

[3] 杨国枢：《中国人的心理与行为：本土化研究》，中国人民大学出版社，2004，第97~98页。

有更丰富的社会资本，对其职业发展也有一定的正向作用。

一般来说，人际关系的"推力"与"拉力"是单独发生作用的，"推力"发生在人际关系失调时，"拉力"发生在人际关系恢复过程中。但在特殊情况下，他们可以同时发生作用。在调查中，本书发现一类流动意愿比较强的教师有一个共同的特点。他们都过着两地分居的"双城生活"，其中，配偶一方在地市级地方高校工作，另一方在省会城市工作，这类现象居多。按照"中心—外围"理论，从地市级往省会城市流动更符合人才流动规律。因此，流动到省会城市和家人团聚是他们的夙愿。在流动之前，他们与单位同事保持正常的业缘关系，由于两地分居，工作与生活空间相隔离，与同事之间没有实质性的地缘关系，严格来说，他们没有真正融入所在单位的熟人社会中，同时，姻缘关系、血缘关系表现出较强的外部"拉力"。在这种情况下，如果条件成熟，"推力"与"拉力"同时发生作用，促成教师流动。

综上所述，本书已经分析了地方高校教师在流动过程中所表现出的三种截然不同的价值取向：功利取向、文化认同取向与人际关系取向。这三种价值取向之间是否有某种关联？当几种价值取向的某种特征同时出现于同一个情境中，是否会形成某种价值冲突？地方高校教师又该基于何种价值取向做出价值选择？从Y老师对社会需求的消极回避到C博士对社会需求的主动追求，可以发现利益需求与人际关系的社会需求经常发生冲突，而且利益需求的物质层面与社会需求的矛盾更加尖锐，经常是不可调和的。利益需求的精神层面或许与个体的社会需求有重叠或一致的地方，但是也会存在需求层次的优先顺序。人除了经济理性之外，还有很强的社会性，人力资本相对较高的地方高校教师尤其如此，他们必须在经济理性和社会性上做出权衡，以平衡他们的多种需求。相反，基于人际关系的社会需求与教师的文化认同是一种互依共生关系。良好的人际关系对于提高教师的个体绩效以及组织绩效都有一定的正向作用，也能够提高教师的工作满意度，进而提高教师的组织认同度，这也包括对组织文化的认同。反过来，对组织文化认同度较高可以促进教师的组织认同，组织认同度较高的教师会积极融入或者配合组织环境，以建立良好的人际关系，实现社会需求的满足。个体的利益需求大多时候与组织利益需求是不相融合的，这就使个体利益需求与组织认同是天然的相对关系。

第五章 地方高校教师流动价值取向的人本逻辑

价值取向有其背后的逻辑，这种逻辑反过来又可以检验价值行为的效果是否在理论上和实践上达到了价值主体的预期。埃德加·沙因认为，人类行为是我们的行为意向、我们对即时情境的知觉、我们对情境和情境中的人的假设或信念相交织的复杂结果，反过来，这些假设是以我们过去的经验、文化规范以及他人教给我们要期望的东西为基础的，对我们的行为有一定的指引作用。[①]

人是行为的主体，作为总体性的人，不仅是自在的存在，还是自觉的存在。马克思在《1844年经济学哲学手稿》中将人的本质规定为自由自觉的活动。[②] 这就意味着人在追求自身理想性存在状态时，总是不断超越自己，追求自我解放，扬弃自我异化，克服"物本"和"资本"两种体现人的片面本质的社会存在的缺陷，寻求体现人的全面自由发展的"人本"逻辑。更确切地说，"人本"逻辑的精神实质是人的解放或人的全面自由发展。总体来说，社会发展的核心就是人的发展，人类发展的历史过程就是人的本质不断实现的过程，伴随着人类自身的发展，社会文明与进步得以实现。"人本"逻辑的产生就是社会发展由自发过程转向自觉的高度，由人的自在本质转向自觉本质，将人从"物"中解放出来，实现人的本质。[③]

人本是人性的基础，人类在创造自己的世界和改造大自然的过程中创造了人类的本质属性，即人性，人性是人类活动和人类历史的产物，不同

---

① 〔美〕埃德加·沙因：《沙因组织心理学》，马红宇、王斌译，中国人民大学出版社，2009，第49~50页。

② 〔德〕马克思：《1844年经济学哲学手稿》，刘丕坤译，人民出版社，2003，第14页。

③ 王焱麒：《物本·资本·人本——人类社会发展的三种基本逻辑》，硕士学位论文，黑龙江大学，2011。

的时代、不同的阶级、不同的民族乃至不同的人对人性都有不同的理解。人作为社会存在物，具有自然属性、社会属性和精神属性。

自然属性就是人的自然欲望和生理机能，也可以理解为人的生物性。人是通过劳动从动物进化过来的，必然带有生物的某些特征，即人的自然属性。和其他生物一样，为了维持自身生存，他必须与其他自然物交换物质、能量、信息。物质生活资料构成了人的第一需要，经济活动也因此构成了人类活动的第一个基本领域。为了满足这种需求，人类活动总是带有天生的扩张性与自利性。这种基于人的生理、安全需要的自然属性构成了人本管理的"经济人"假设的基础。

人的社会属性是诸多个体在时空中的相关性存在。它是人们在改造自然、社会的实践活动中形成和发展起来的。主要表现为人类共生关系中的依存性、生产活动中的合作性、人际关系中的社会交往性等，揭示了社会生活的本质以及人与社会的关系。人的社会性是在个体与社会成员的交互作用中形成和发展的，个体间的交互与物质生活和社会生活密切相关。物质生活和社会生活的需求是无限的，而需求的满足手段是有限的，使得个体必须采取一定的社会关系形式来化解这一矛盾。这种由社会关系、社会活动决定的人的社会属性构成了人本管理的"社会人"假设的基础。

人的精神属性主要指自我意识和进行精神性活动的自由。它是一种超生物性的精神性存在。对自身活动的自觉或自我意识是人类特有的机能，使人能动地、创造性地对外部世界进行自我意识、价值定向，从而准确认识人自身的需要并将其固化，反思自己与世界的关系，形成一种精神性的存在。这种精神性的本质是自由，把人当作目的，追求真理，崇尚自由。人类具有可供选择的可能性空间，其生存意义不是既定的、唯一的，是有待被创造的。人类的精神文化活动就是为了满足自身对于生活意义的需要，是一种精神性生产活动。这种基于自我意识和自由的精神性存在构成了人本管理的"文化人"假设的基础。马克思的人本思想和关于人的属性的划分构成了"以人为本"的人本管理理论基础。

在本书中，对人性和动机的几种假设构成了地方高校教师流动价值取向的人本理论逻辑。"经济人""文化人""社会人"构成了地方高校教师的三种不同的行为角色，在此基础上，地方高校教师流动过程中表现出"功利主义取向""文化认同取向""人际关系取向"三种不同的价值取向。

考虑到个人、组织、社会三重因素的交互影响，本书引入了"复杂人"假设，来进一步解释地方高校教师流动过程中的权变行为。基于人本理论逻辑，利益机制、组织认同、人情法则则构成地方高校教师流动价值取向的人本实践逻辑。

第一节　地方高校教师流动价值取向的人本理论逻辑

地方高校教师流动本质上是行为主体基于不同需求的人的本性表露。对于地方高校组织来说，人本管理是一种以人为本的思维，具有丰富的人性基础，教师流动行为则是基于不同人性假设的不同需求在个人与组织间的博弈。因此，本书从"经济人""文化人""社会人""复杂人"不同人性假设出发，关注个人与组织的关系的变化，揭示其流动的影响因素。同时，本书根据马克斯·韦伯关于社会行动类型的划分，将地方高校教师流动行为分为工具理性、传统理性、情感理性以及三种理性的混合四种类型，并认为利益、价值观念、人情是这四种行为的行动基础。

一　地方高校教师流动价值取向的人性假设

作为一种理论假设和人性预设，人性假设理论为研究人的本质奠定了理论基础。它既是一种理论研究方法，也是一种研究人的方法论，人性假设为人的研究提供了基点和参照系。随着科学的不断发展，人类对社会发展规律以及人本身的认识不断加深，人性假设理论已经在多个涉及人的研究领域中被广泛应用，并蕴含着丰富的时代价值。[①] 作为人性研究的重要方法，人性假设在实践中已经产生了很多理论成果，产生了多种人性假设，根据研究需要，本书只对相关的几种人性假设加以介绍。

西方人性假设最早始于经济领域的"经济人"假设。不少西方学者本着理性主义原则对人性的一般规定展开了研究，亚当·斯密在前人研究的基础上，在《国民财富的性质和原因的研究》（简称《国富论》）中对人性的本质进行归纳与完善，正式提出"经济人"假设。他对"经济人"的基本行为特征进行了详细描述。他认为人天生就是自利的，这也是社会分

[①] 钟贞山：《人性假设的理论发展与时代价值》，《云南社会科学》2011 年第 6 期。

工的根本原因。"一个人尽毕生之力亦难博得几个人的好感，而在文明社会中，随时有取得多数人的协助与援助的必要。但这种协助与援助不能仅仅依赖他人的恩惠，如果能刺激他们的利己心，使有利于他，并让他们知道，给他做事对他们自己也是有利的，他要达到目的就容易得多了。"① 追逐个人利益是一切经济行为的基本心理动机，也是一切经济活动得以有序进行的内在动力。② 亚当·斯密在肯定自利心的同时，并没有将自利心与利他心对立起来，而是把自利心视为实现利他心的最有效的手段。他进一步对经济人假设作系统的论述，认为人天生具有利己性和完全理性，总是试图以最小的经济代价获取最大的经济回报，同时，由于"看不见的手"的作用产生利他的结果，社会利益也最大限度地得到实现。③ 至此，亚当·斯密的论述已经触及到了"经济人"的自利性、利益最大化以及在良好的社会秩序下，个人追逐自己利益时能无形促进社会公共利益等"经济人"的核心概念。④

按照"经济人"的人性假设，由于地方高校教师与部委属高校教师在经济收益上有一定的差异，同时，地方高校教师的经济收益存在明显的区域差异，这些差异构成了地方高校教师发生职业流动的直接动因。这里的经济收益不仅包括货币化收益，也包括一些非货币化经济收益，为了满足这些基本的生理和安全需求，他们会暂时抑制其他方面的需求，地方高校教师流动的现状佐证了这一观点。在个人与组织关系上，"经济人"假设构成了道格拉斯·麦格雷戈的 X 理论的人性基础。X 理论认为个体目标与组织目标是不一致的，甚至是对立的。⑤ 因此，组织必须借用外力来控制个体的行为，通常以牺牲个体目标来实现组织目标，但经常得不偿失。地方高校组织经常采用一些措施控制教师流动，事实证明，这些强行措施并不能

① 〔英〕亚当·斯密：《国民财富的性质和原因的研究》下卷，郭大力、王亚南译，商务印书馆，2009，第 12 页。
② 〔英〕亚当·斯密：《国民财富的性质和原因的研究》下卷，郭大力、王亚南译，商务印书馆，2009，第 30 页。
③ 黄燕、胡劲邦、陈旭剑：《经济人假设：发展线索及科学性分析》，《江汉论坛》2005 年第 12 期。
④ 〔美〕埃德加·沙因：《沙因组织心理学》，马红宇、王斌译，中国人民大学出版社，2009，第 52 页。
⑤ 〔美〕道格拉斯·麦格雷戈：《企业的人性面》，韩卉译，中国人民大学出版社，2008，第 32 页。

有效帮助组织实现预期目标。[①]

"文化人"概念的提出相对较晚。20 世纪 80 年代，美国企业面临日本企业的巨大挑战，美国管理学界开始高度关注日本企业文化。日裔美国管理学家威廉·大内在"X 理论"和"Y 理论"管理学说的基础上，首次提出"Z 理论"，强调组织管理的文化因素，认为组织在生产力上不仅要考虑技术、利润等硬指标，也应考虑人性化的软性因素，如信任、人与人之间的微妙关系等。"Z 理论"是对"X 理论"和"Y 理论"的一种补充与完善，是东西方文化和管理哲学的碰撞与融合。组织文化作为非正式组织的基本内容之一，主要指组织成员在一定程度上共同认可的价值、信念和期望。埃德加·沙因认为，组织文化主要包括关于组织对自己同所在环境关系的设定、对现实与真理本质的认识、对人的本质和行为的认识、对人际关系本质的认识。他进一步将组织文化分为器物层次、制度层次和精神层次。[②]

组织文化直接影响成员的组织认同感，对成员的行为具有一定的导向作用，良好的组织文化对组织绩效的提高有重要意义。威廉·大内认为，只有人们对一系列的价值观坚信不疑，使这些价值观深深地扎根于心里并严格遵守，他们才能在这个体制内实现协作。[③] 随着社会经济的不断发展，地方高校教师的收入水平有一定的提高，在政策的宏观调控作用下，教师收入的区域差异也在明显缩小。如果教师个体对现有组织的文化认同度较高，组织认同度也相对较高，他们很有可能会抑制其更高层次的需求（自尊、自我价值实现等），愿意继续留在组织中为实现共同的组织目标而努力工作。相反，他们会因为对组织文化认同度不高，对组织不认同或反认同而离开现有组织。[④]

霍桑实验和塔维斯托克研究所的煤矿研究展示了社交型动机在组织生

---

①　戴建波：《人性假设理论视域下地方高校教师流动的影响因素及管理对策》，《大学教育科学》2016 年第 3 期。

②　〔美〕埃德加·沙因：《组织文化与领导力》，马红宇、王斌等译，中国人民大学出版社，2011，第 13 页。

③　〔美〕威廉·大内：《Z 理论——美国企业届如何迎接日本的挑战》，朱雁斌译，机械工业出版社，2013，第 74 页。

④　戴建波：《人性假设理论视域下地方高校教师流动的影响因素及管理对策》，《大学教育科学》2016 年第 3 期。

活中的重要性。梅奥在此基础上提出了"社会人"假设,"社会人"假设的理论基础是人际关系学说。个体通常会拒绝被安排在一个与他人形成竞争的位置上,个体可以通过与他人团结在一起来很好地对抗由于竞争给对方带来的威胁。梅奥认为,社交需求是人们行为的基本激励因素,人际关系是形成认同感的主要因素,这种社交需求只有在非正式的组织中才能得到表达,在这些非正式组织中所产生的情感和规范影响个体的工作绩效。个体的工作绩效一定程度上不是依赖于个体,而是依赖于个体所处的社交网络,相对于正式组织的薪酬和激励,个体更看重在非正式组织中被同级同事所认可的程度,对个体绩效的激励作用也更大。[①] 由此不难看出,非正式组织对个体的评价对个体绩效有非常重要的影响。地方高校教师也生活在类似的正式和非正式组织中,他们也很看重非正式组织的社交网络关系,在社交网络中的声誉和地位及受尊重的程度都会影响个体对组织环境的评价,当他们基于个体在非正式组织中的地位对周围环境做出积极评价时,他们就很愿意融入到既有的"圈子"中,并凭借社会资本的作用充分发挥自己在"圈子"中的角色作用,此时个体绩效会大于完全意义上的个体绩效。相反,当他们对周围环境做出消极评价时,就会尽力摆脱既有"圈子"的影响,也很难真正融入"圈子",此时个体绩效就会小于完全意义上的个体绩效。可以看出,在特定情况下,这种非正式组织对教师流动的影响要大于正式组织。[②]

针对人性的复杂性,埃德加·沙因提出了"复杂人"假设。他认为,人不仅有多种需要和潜能,而且这些需要的模式也随着年龄和发展阶段变化,也随着角色、处境、人际关系的变化而不断变化。由于需要与动机之间的相互作用,并组合成复杂的动机模式,人们能够在不同动机的基础上有效地参与到组织中去。[③] 地方高校教师作为人力资本较高的知识群体,他们的需求与动机也是多种多样的、复杂的。他们不仅关注基本的生理、安

---

① 〔美〕W. 理查德·斯科特、杰拉尔德·F. 戴维斯:《组织理论——理性、自然与开放系统的视角》,高俊山译,中国人民大学出版社,2011,第 20~21 页。

② 戴波波:《人性假设理论视阈下地方高校教师流动的影响因素及管理对策》,《大学教育科学》2016 年第 3 期。

③ 〔美〕埃德加·沙因:《沙因组织心理学》,马红宇、王斌译,中国人民大学出版社,2009,第 96 页。

全需求，对物质生活有一定的要求，也关注较高层次的情感、自尊和自我价值实现的需求，有一定的精神性需求。而且在不同的发展阶段，各种需求的表现方式会有所不同，新入职教师可能更加关注基本的生理、安全需求，随着年龄的增长，他们的需求层次可能会发生变化，倾向于追求较高层次需求的满足。不同的个体在不同阶段的需求表现方式也会有所差异，他们受组织、外部环境的影响程度也会不同。基于人性的复杂性，沙因认为，没有一种唯一正确的管理策略在所有时候对所有员工都管用。[①] 对于不同的教师流动行为，地方高校组织应该以情景现实为基础，采取灵活可变的管理策略，进行权变管理。[②]

二　地方高校教师流动价值取向的理论分析

人的行为总是隐含着价值主体的某种价值偏好，韦伯认为，我们将任何人的态度或活动称为行动，行动者把一种主观意义寄于其态度或活动，主观方面同行动概念直接联系在一起。[③] 他认为社会行动有特定的逻辑，并将其分为四种类型：工具理性、情感理性、传统理性、价值理性。由于地方高校教师流动行为主要涉及前三种理性，在此，本书对价值理性不做介绍。

工具理性行动是被用作获得活动者自己理性的追求和计算的目的的"条件"或"手段"的行动。当目的、手段及其附属物都被理性地考虑时，行动就是工具理性的。[④] 地方高校教师在流动过程中所表现出的功利主义取向，将职业流动看成实现他们某方面需求的手段、工具，主要是基于工具理性。

传统理性行动是由根深蒂固的习惯所决定的理性行动。由传统所决定的行动是"由于长期实践而习惯化"的。[⑤] 它常常是对习惯性刺激的自动反

---

① 〔美〕埃德加·沙因：《沙因组织心理学》，马红宇、王斌译，中国人民大学出版社，2009，第 97 页。

② 戴建波：《人性假设理论视阈下地方高校教师流动的影响因素及管理对策》，《大学教育科学》2016 年第 3 期。

③ 转引自〔美〕塔尔科特·帕森斯《社会行动的结构》，张明德、夏遇南、彭刚译，译林出版社，2012，第 717 页。

④ 〔德〕韦伯：《社会科学方法论》，杨富斌译，华夏出版社，1999，第 59~61 页。

⑤ 〔美〕塔尔科特·帕森斯：《社会行动的结构》，张明德、夏遇南、彭刚译，译林出版社，2012，第 723 页。

应，这种习惯性刺激指引着行动。① 而长期信奉的价值观念和无意识、习以为常的、视为理所当然的信念、知觉、感受等是组织文化的较高层次，只有那些被成员普遍接受和认同的价值观念、信念才能演变成人们的习惯。地方高校教师流动过程中，组织中的传统文化、价值观念、习惯对他们有重要影响。

情感理性行动是由活动者的特殊情绪和感情状态所决定的行动。纯情绪性行动也位于被认为是"有意义的"指向的行动界限之内，并且常常超越这一界限。当受情绪所决定的行动以有意识地释放情感紧张的形式出现时，它是一种升华。② 此时，情感情绪与理性并不完全对立。地方高校教师在流动过程中，不管是流入还是流出，都会受到来自基于血缘、亲缘、地缘关系的各种情感的影响，以满足其情感的社会需求。

如表 5-1 所示，地方高校教师流动过程本质上是个人与组织（包括正式组织和非正式组织）、社会关系变化的过程，不同的关系变化隐含着不同的人性预设，不同的人性预设又可以分别归为不同的社会行动类型，不同的社会行动类型依赖于一定的行动基础，不同的行动基础则又表现出不同的价值取向。

表 5-1　地方高校教师流动价值取向的理性分析

个人与组织、社会的关系	人性假设	行为类型	行动基础	价值取向
个人与组织对立	经济人	工具理性	利益	功利主义取向
个人与非正式组织	文化人	传统理性	价值观念	文化认同取向
个人与社会	社会人	情感理性	人情	人际关系取向
个人与组织、社会的博弈	复杂人	工具/传统/情感理性	利益/价值观念/人情	权变取向

"经济人"假设是一种完全理性。这意味着地方高校教师个体利益与地方高校组织利益的冲突与对抗，地方高校教师将职业流动视为满足其某种或多种需求的手段、工具，实现流动的目的，按照"经济人"假设理论，

---

① 〔德〕韦伯：《社会科学方法论》，杨富斌译，华夏出版社，1999，第60页。
② 〔德〕韦伯：《社会科学方法论》，杨富斌译，华夏出版社，1999，第60页。

个体与组织必须处于一种无管制状态，他们对自我利益追求时会形成一个自我平衡系统，教师流动获利必定意味着组织利益的损耗，个体与组织作为完全理性人，都希望实现自我利益的最大化，且都表现出功利主义的价值取向。这也是为什么在有些地方高校，教师的基本需求得不到满足，教师表现出很强的流动意愿，而地方高校组织则会用劳动合同、服务期、人事档案等手段阻止其流动，教师与地方高校组织之间的矛盾日益尖锐，为地方高校的师资管理带来困难。

"文化人"假设是一种有限理性。它不同于经济人对利益的追逐，更注重个体的一种内心感受，主要表现为对组织文化的认同程度，如果地方高校教师对本组织的文化、价值观念、信仰假设高度认同，教师个体则非常愿意融入这种组织文化中，并以是该组织的成员感到满足，愿意投入更多精力到工作中，工作绩效也会相对较高。这种认同并非完全依赖于内心感受，并非是非理性的，对组织文化的认同也是建立在对组织认同的基础之上，这其中必然包括组织对个体多种需求的满足，文化认同与理性不是毫无关联、相互对立的。组织文化对教师流动有重要影响，地方高校教师在流动过程中表现出明显的文化认同取向。

"社会人"假设是基于情感的，本质上是非理性的，但情感情绪与理性也非完全对立，有意识的情感释放行动就不是非理性的。由于高校教师的人力资本投资相对较高，涉及家人、亲戚、朋友等多方主体，其职业流动也必然受血缘、亲缘、地缘的影响。这种基于"情"编制的人际关系网对地方高校教师的流入流出有直接影响。地方高校教师流动过程中表现出明显的人际关系取向。

由于利益、价值观念、人情在很多场合不是孤立存在的，而是相互交织的。其中，利益与人情的关系最为密切，在传统中国社会，人情也是一种人际资本，可以带来直接或间接的利益，反过来利益又强化了这种人情。基于习惯的价值观念也很难和人情严格区分开来，二者经常是模糊不清的。因此，地方高校教师在流动过程中，可能会出现多种影响因素，但一般有一方面起主要作用，其他方面起辅助作用，多因素交互影响导致地方高校教师流入、流出，在这个过程中，也是流动主体多方权衡的结果，表现出因具体情境变化而变化的权变取向。

第二节 地方高校教师流动价值取向的人本实践逻辑

上文中，已经对地方高校教师流动价值取向的人本理论逻辑进行了探讨，理论逻辑作为"逻辑学的逻辑"与"理性真理的逻辑"，它具备两个重要的特征，即概念的抽象性和对确定性认知的追求。也正是这两个特性使得理论逻辑在把握实践上存在一定困难。人类生活在一个充满不确定性的世界中，理论逻辑的确定性与实践逻辑的不确定性使得将实践活动纳入"理论逻辑"时面临着可能"失真"的危险。① 因此，法国社会学家布迪厄提出了"实践逻辑"。"实践逻辑"是实践者在与环境相互作用的历史活动中生成的逻辑。他认为"实践逻辑"是"理性真理"的逻辑理性与"事实真理"的纯粹偶然性之间的中介，拉近了理论与实践的距离。"实践逻辑"作为一种历史逻辑，不是对实践活动"应该怎样"的规范，而是对实践活动"何以如此"的解释。②

本书中，人性假设理论预设固然有助于我们理解地方高校教师流动价值取向的人本理论逻辑，但这种抽象的、普遍的理论很难准确解释实践活动"何以如此"，而"利益机制""组织认同""人情法则"则能更加准确地描述、解释地方高校教师流动过程中所表现出的"功利取向""文化认同取向""人际关系取向"，构成了这三种价值取向的人本实践逻辑。

一 利益机制：功利取向的逻辑

利益即好处，利益是人类社会生活中的重要社会现象。所谓利益，就是在一定的社会形式中由人的活动实现的满足主体需要的一定数量的客体对象。③ 根据利益的定义，利益是一个人的需要同满足需要的对象的关系问题，利益只有在主体需要和客体对象中才能呈现出来。这个定义中包含着利益的自然基础和利益的社会基础，自然基础可以从"主体需要"概念中追溯得到，社会基础可以从"社会形式"概念中引导出来。由此形成了利

---

① 〔美〕约翰·杜威：《确定性的寻求》，傅统先译，上海人民出版社，2005，第3~4页。
② 冯向东：《教育科学的理论与实践逻辑——关于布迪厄"实践逻辑"的方法论意蕴》，《高等教育研究》2012年第2期。
③ 苏红章：《利益论》，辽宁大学出版社，1991，第21页。

益的自然属性和社会属性。一般来说，人和人类生理上应当占有或应当满足的事物为自然属性，人和人类精神上应当占有或应当满足的事物为社会属性。人和人类利益按照不同的标准可以分为不同的种类：按时间向度划分，可以分为眼前利益与长远利益；按密疏程度划分，可以分为直接利益和间接利益；按利益的客观内容划分，可以分为政治利益、经济利益、社会利益等；按利益的主体特征划分，可以分为个人利益、组织利益、国家利益等。

利益机制即利益是如何发生作用的。利益机制是组织及其成员以自身利益为出发点，对组织外部环境中的各种经济现象及其变动的反应方式，以及对组织中不同成员的行为的相互依存、制约、影响方式。组织及其成员的利益与企业组织的效益、分配、激励具有耦合关系，因此，效益机制、分配机制和激励机制构成利益机制的主要内容。

效益机制一般是指劳动占用和劳动消耗量与取得符合社会需要的劳动成果之间的比例机制。每一个利益主体都希望以尽量少的劳动消耗和物质消耗，换取更多的劳动回报。对于地方高校教师个体来说，效益机制则体现在教师的个体投入与回报的比例。如果个体认为这一比例在其可接受的范围之类，他可能会选择继续投入或增加投入，相反，他会选择减少投入或者不投入。教师个体的投入主要体现在对教学、科研与社会服务的智力投入和时间投入上，教师个体的回报则主要体现在可以量化的经济回报与无法用经济价值量化的非经济回报两方面。地方高校主要是教学型或者以教学为主的高校，对教师个体效益的测定存在一定的困难，加之，一些外在因素的干预，经常导致地方高校教师对个体效益的测定结果不满意，导致个体的投入与回报比例失调。在地方高校，个体效益比例失调还表现在由于地方高校的现实基础无法为教师提供充分发挥其才能的条件，例如无法为教师提供基本的科研平台、科研设施、科研经费等。这导致地方高校教师人力资本的闲置与损耗，从而也无法达到教师的个体预期效益。当教师个体在组织中不能获得预期的经济和非经济回报，他们可能会选择职业流动。

利益分配即是组织成员从组织总收入或总利润中分得自己应有的份额，利益分配机制则是涉及利益如何分配的问题。对于地方高校来说，薪酬制度构成其利益分配的重要组成部分。2006 年，财政部联合人事部下发《关于印发事业单位工作人员收入分配制度改革方案的通知》，要求建立岗位绩效工资制度，主要包括岗位工资、薪级工资以及补贴和津贴，基本工资及岗位工资和薪级工资。我国地方高校基本上都是沿用这种薪酬制度。这种薪酬制度无法完全兼顾区域差异和学校差异，导致不同区域的高校教师收入存在很大差别，即使同一区域的不同层次高校的教师收入也存在很大差异，形成了高校行业内部的"同工不同酬"，对一些经济欠发达地区的弱势地方高校的师资建设工作带来很大困难。从整体上说，这种薪酬制度在制度设计上也存在不合理性。我国地方高校大部分属于全额拨款的事业单位，主要采用政府主导、市场调节型的薪酬管理体制，采取国家分配与学校分配相结合。

我国地方高校现行的薪酬管理体制主要以按劳分配理论为基础，旨在实现追求效率与保障学术的双重目标。但现有制度经常无法有效解决效率和学术之间的矛盾问题，很难实现地方高校教师薪酬的有效、合理分配。地方高校的主要任务是人才培养和科学研究，追求经济效益不是教师的直接目的，教师学术产出的价值也很难准确计量，这种按劳分配制度一定程度上扼杀了教师的工作积极性，不利于提高教师的整体素质。因此，地方高校组织在利益分配时，应充分考虑高校教师具有较高的人力资本这一特性，让人力资本要素充分参与分配。现实中，地方高校组织在利益分配时忽略人力资本要素，使那些人力资本相对较高教师的付出得不到应有回报，严重影响他们的工作积极性与创造性。为了提高师资质量，地方高校纷纷以较大成本引进高学历、高层次人才，但往往引进之后不能充分发挥其人力资本价值，使较高的人力资本闲置、贬值，更谈不上对其持续进行人力资本投资，同时，因害怕在职教师向外流动而不敢对其进行人力资本投资。相反，一些优秀教师将职业流动视为其人力资本投资的有效方式，职业流动不仅可以满足其某方面或多方面的需求，而且使其人力资本得到增值。

激励机制是指为事物提供行为动力的各因素之间的作用方式。[①] 我国地方高校现有的教师激励机制是在教育部关于人事分配制度改革政策的指导下建立起来的。已经形成了以职称、薪酬激励为主，以考核、荣誉激励为辅的发展态势。制度设计上存在一定缺陷，也缺乏灵活性，忽视了教师的

---

① 朱德友：《高校教师激励机制研究》，博士学位论文，武汉大学，2010。

个性需求，对教师的激励作用有限。在职称激励上，地方高校教师表现出很强的功利取向，由于薪酬与职称息息相关，所以教师容易过于重视职称，忽视教学质量的提高，科研成果往往注重"量"，而不注重"质"，不考虑成果的理论价值和现实价值，将不成熟的成果提前发表，论文不规范问题严重。职称上得到晋升之后，高校教师便失去了教学、科研的动力。在薪酬激励上，薪酬对教师的激励作用有限，一般来说，保健性薪酬差别不大，但激励性薪酬在不同区域、不同学校之间差别较大，社会保障与福利待遇也有很大差别，地方高校人才吸引的竞争力有限，优质教师资源流失严重。荣誉、考核激励虽然有一定的激励作用，但在实际操作过程中受诸多消极因素的影响，缺乏有效的操作办法，使激励流于形式，难以达到预期效果，更谈不上发挥榜样的力量。

整体上说，当前地方高校激励机制中存在诸多问题。一是激励机制结构优化不够。存在结构组合安排不合理的问题，忽视教师的物质、精神需要，激励手段和层次单一化。二是激励机制功能发挥受限。主要表现为目标激励的导向不够，要素环境的驱动不够，对教师个体发展的关注不够。三是激励模式不合理。物质、精神激励失衡，过度强化物质激励的作用，精神激励弱化。激励以外部任务性激励为主，缺乏内部自我激励，教师自我认同度不高，工作满意度不高。[1] 当前地方高校的激励机制未能充分发挥相应作用，导致一些教师的辛勤与付出得不到理应回报，出于个体利益的考虑，教师要么减少付出，要么选择流动。

通过对地方高校现有的效益机制、利益分配机制、激励机制进行分析之后，本书发现在当前地方高校组织中，利益机制的以上三方面都存在诸多不足，都未能发挥应有的作用，综合表现为教师的付出与回报比例失调，利益分配不合理，激励作用有限，从而使得地方高校教师为了维护、追求自身利益发生职业流动。

二　组织认同：文化认同取向的逻辑

由于研究观点和研究视角的不同，对组织认同的定义存在诸多分歧。阿什福斯和马尔（Ashforth & Male）的定义为大多数研究者所采用，他们认

---

[1] 朱德友：《高校教师激励机制研究》，博士学位论文，武汉大学，2010。

为，组织认同是社会认同的一种特殊形式，是个体与组织具有一致性或从属于组织的知觉。① 个体趋向于将自己和所属的群体、组织视为一个相互交织的命运共同体。② 组织认同是可以衡量的，同时也是动态变化的，是一种程度性的变量。个人身份特征与组织身份特征构成组织认同的基本内容，每个人所感知的组织身份特征以及自己定义的身份特征都是不同的，因此，每个人的组织认同度有一定差别。同时，随着主客观条件的不断变化，每个人的组织认同度也会产生相应的变化。

组织认同与组织文化密不可分。一方面，组织文化构成组织认同的基本内容。根据组织认同的定义，组织认同表示组织成员所知觉到的某些个人特征与组织特征的重合程度。个人对组织认同的指向就是组织身份特征，组织文化正是构成组织身份特征的核心因素。组织文化是成员共享的意义系统，构成了组织身份特征的背景。组织身份特征根植于组织文化的意义系统，在这个象征性的环境中，组织身份特征被组织成员认识并与个体产生互动，个体对组织的认同就是在组织文化的象征体系中形成的。组织文化本身就是组织身份特征的基本内容。它包含了许多关于"组织是谁"的内容。组织文化的核心要素——价值观成为组织身份特征的重要内容。组织认同的本质是个体自我定义中所包含的组织身份特征认可的程度。个人的身份所反映出的价值观、信念、意义与由组织文化所表达出来的组织的规范、价值与信念的重合度或一致程度就表示了组织认同程度的高低，即个人价值观与组织价值观的一致程度。因此，组织文化，尤其是组织的核心价值观，就成为组织认同的对象。③

另一方面，组织文化通过组织认同影响个人。大量实证研究结果表明，组织文化对提高组织绩效有明显的作用，而组织认同则是其发挥作用的桥梁，组织可以利用组织认同维护组织的运行。组织文化通过人和人群的传递形成一个共同的文化体，并对个人的行为发生作用。组织将这种共有的价值观以决策的形式进行传递，对组织成员产生影响。组织成员接收这种组织价值观并对组织文化产生强烈的认同，这时，组织文化就起到了对组

---

① Ashforth B. E. , Male F. , "Soxial Identity Theory and the Organization," *Acdemic of Management and Review* (1989): 20–39.
② 苏雪梅:《组织文化与员工认同》，中国社会科学出版社，2012，第30页。
③ 苏雪梅:《组织文化与员工认同》，中国社会科学出版社，2012，第55~56页。

织成员的控制作用，并将持续对其产生作用。组织成员将组织价值观作为自我定义的一个重要参考因素，对组织的认同就已经开始形成了，组织目标与个人目标也将趋于一致。组织文化正是通过组织认同的形成过程，影响成员的个人目标、价值观，进而影响其行为。[①]

组织认同影响组织成员的行为。组织认同对组织成员的行为可能产生积极影响，也可能产生消极影响。其积极影响可以分为三个层面。首先，组织文化通过融入过程使组织成员对组织价值观和目标有一定的认知，明确了角色行为。组织成员会在认知意义上的组织认同的影响下产生相应的行为。其次，在融入的基础上，个人价值观与组织价值观在相互影响下产生契合，并形成一定的组织认同感，此时，个人价值观与组织价值观的一致性成为组织成员行为的激励，使个体采取有利于组织的行为。最后，在个体与组织价值观一致的基础上，个体对组织产生一定的情感依赖，这种情感依赖也成为一种行为激励，促进个体为组织做出贡献。[②]

其消极影响主要表现在组织认同对成员离职意愿的影响。国内外相关研究已经证明组织认同与离职意愿有显著的负相关关系，组织认同对组织成员的离职意愿有显著的预测作用。个体的组织认同度越高，越倾向于成为组织的一员，并按照组织的价值规范行动。个体会按照组织的价值观来定义自我，个体离职将成为个体的损失，组织认同度越高，离职意愿就越低。相反，组织认同度越低，离职意愿就越强。离职意愿成为组织认同的结果变量之一，对于知识型员工，他们对专业的认同与对组织的认同经常发生冲突，即职业认同与组织认同的背离，他们对自己所从事的专业非常热爱，但对所在组织的认同度不高，导致较强的离职意愿。因此，组织与知识型员工的共同发展要求组织认同与职业认同协调发展。[③] 地方高校教师是人力资本较高的知识型群体，组织文化通过组织认同对教师个体行为的影响可能更加明显。目前，校际流动在地方高校教师流动中占相当大的比例，其职业认同与组织认同之间的矛盾异常尖锐，在一定程度上，组织文化成为二者矛盾的根源。

① 苏雪梅：《组织文化与员工认同》，中国社会科学出版社，2012，第 57 页。
② 苏雪梅：《组织文化与员工认同》，中国社会科学出版社，2012，第 108 页。
③ 韩雪松：《从冲突到协调：知识型员工的组织认同培育模型》，《财经科学》2006 年第 12 期。

三 人情法则：人际关系取向的逻辑

在中国文化中，人情交往是日常生活交往的主轴或中心，在中国人的人情世界中，日常交往实质上是人情交往。[①] 人情在日常生活中经常出现，但其内涵是一个比较广泛的范畴。中国台湾学者黄光国等认为，人情包含三种不同的含义。一是指个人遭遇不同的生活情景时，可能产生的情绪反应。一个通晓人情的人是具有"同情心"的人。二是指人与人进行交易时，可以用来馈赠给对方的资源。赠送礼物和给予帮助就是"做人情"给对方。三是指中国社会中人与人如何相处的社会规范。诸如"有来有往，亲眷不冷场"，"受人点滴之恩，须当涌泉相报"。[②] 基于此，笔者认为，人情本质上是一种关系性范畴，而非实体性范畴。在日常生活世界中，所谓人情不仅指人的自然情感或人伦间的情感交流，还指人们日常生活中彼此间进行交往所具有的情面或情面意识。以重人情和重人伦为表现形态的伦理精神世界即为人情世界。

从中国伦理文化的视角看，人情与人情世界具有三个基本特征。其一，人情与人情世界以血缘家族为根柢。在中国传统社会，"家"不仅是日常生活的基本单位，也是联络血缘情感的坚实堡垒。整个传统中国社会所展现出来的复杂而强劲的人情关系即是血缘家族伦理关系的拓展与放大。其二，人情与人情关系在中国日常生活中具有较强的同化与磁化作用。人情与人情世界就像一个巨大的磁力场，对于步入这个磁力场的人具有磁化和同化作用，而且磁力场一旦形成，便趋于稳定，场内的人便是"圈子"里的"自己人"。其三，人情世界是一个由亲及疏、由熟及生的不断展开的以熟人为主的世界。中国日常人情交往已经超出了血缘家族"家"的范围，扩展到整个"熟人社会"中。既包括他的天伦关系——父母、兄弟及其他有血缘关系的家族成员，也包括他的人伦关系——朋友、同事、师生、同学、同乡等。[③] 形成一个以自我为中心的人情关系网，并不断向外扩散，越接近

① 杨威：《人情世界的运行与小团体的运作：理论阐释及经验研究》，黑龙江大学出版社，2012，第14页。
② 黄光国、胡先缙等：《人情与面子——中国人的权力游戏》，中国人民大学出版社，2010，第13~14页。
③ 杨威：《人情世界的运行与小团体的运作：理论阐释及经验研究》，黑龙江大学出版社，2012，第18~21页。

中心，关系越近。

在中国传统社会，人们根据亲疏关系的不同，采用不同的交往原则，上文已有论述。这一点与黄光国等的人情与面子理论模式不谋而合。对于人际关系网中的生人，个人与他人建立的是一种工具性关系，是为了获得他所希冀的某种物质欲望，这种关系短暂且不稳定。在这种关系中，交往双方并不预期他们将来会进行任何情感性交易，往往采取比较客观的"公平法则"。对于熟人，个人与他人建立的是一种混合性关系，交往双方认识且有一定程度的情感关系，但又亚于主要社会团体的情感关系，在中国社会中，混合性关系是个人最可能以人情和面子来影响他人的人际关系范畴。混合性关系不以血缘关系为基础，它的延续须借助人与人之间的礼尚往来加以维系，交往双方预期将来他们还有可能再次进行情感性的交往。他们往往注重"礼尚往来"的"人情法则"。对于家人，个人与他人建立的是一种情感性关系。这种源于家庭、亲友等主要社会团体的人际关系可以满足个人情感上的多样需求，是一种持久而稳定的社会关系。在这种关系中，双方采取"各尽所能，各取所需"的"需求法则"。每一个家庭成员都应该为家庭竭尽全力，家庭也应当供给家庭成员生活之需。①

在人情世界，影响人与人如何相处的社会规范构成了人情法则。人情法则的运行机制是"面子"。面子实质上是自身在他人心目中的地位与形象的主观感受。面子决定和制约着人情和人情关系，在人情世界中，情面意义上的人情和人情关系归根结底是由于人们顾及面子而产生的。反过来，人情与人情关系会影响甚至增强一个人的面子意识，在日常生活中，主体不得不顾及自身所在的人情关系网中的面子问题，长此以往，面子意识日益增强。为了维护所谓的"面子"，交往主体不得不一直遵循既有的人情社会规范。"面子"无形中成为平衡人情关系乃至社会关系的价值尺度与评判机制。在这个意义上，人情世界里的人情交往是出于维护"面子"的被动情感交往。其实，人情法则发生作用也可能是交往主体的一种主动情感交流的结果。适度的人情与人情交往能在一定程度上丰富人们的情感生活，使人们在情感的升华中寻找一份属于自己的精神家园，体味一种很强的认

① 黄光国、胡先缙等：《人情与面子——中国人的权力游戏》，中国人民大学出版社，2010，第 5~20 页。

同感与归属感。适度的人情交往有利于维系和谐的人际关系，也在一定程度上打破现代日常生活中由城市化所引起的居住环境相对封闭的状态。人情与人情交往法则还能在一定程度上提高人的主体地位，为日常生活世界中的人们提供一些可供选择的自由空间。①

地方高校作为一种特殊的社会组织，由于其功能的特殊性，构成了一个"五脏俱全"的小社会。人情法则在这个特定的小社会发挥独特的作用。地方高校教师流动过程中，人情法则成为人际关系取向的实践逻辑。严格意义上，这里的人情法则包含基于血缘关系的社会规范和人情从家庭向社会泛化的无血缘关系的社会规范。具体表现为对教师流入的"拉力"作用和对教师流出的"推力"作用。对教师流入的"拉力"作用主要是人情法则积极影响的结果，流动教师预期将来还有可能与原有的社会人际关系主体再进行情感性交往，希望恢复和保持这种既有的人际关系网。对教师流出的"推力"则是人情法则负面影响的结果，流动教师在既有的人情世界中产生异化现象，出于主客观原因，未能完全遵循大家所共享的人情法则而被排挤到"圈"外，变成"他人"，交往双方都预期将来不再有情感性交往的可能，也没有顾及对方"面子"的必要，导致教师流出。

---

① 杨威：《人情世界的运行与小团体的运作：理论阐释及经验研究》，黑龙江大学出版社，2012，第50~52页。

第六章　地方高校教师流动的现实 困境与价值困境

第一节　地方高校教师流动的现实困境

价值是主体与客体的一种基本关系，价值主体在进行价值选择时总是偏好客体对主体的积极意义，但在现实生活中，客体的多种积极意义经常同时出现在一个选择情境中，选择了一方面，意味着放弃了另一方面，客体的一种积极意义被一个价值主体选择，则意味着其他价值主体失去了选择的机会。这类现实情景经常使价值主体陷入困境。不管是"流"还是"留"，经常使地方高校教师陷入利益、组织认同和人情的困境。

一　利益困境

地方高校教师的需求是多样的，在很多情况下，他们的多种需求并不能同时很好地得到满足，在特定时候，追求一种需求，意味着抑制另一种需求。调查中，部分地方高校教师纯粹为了经济利益从经济不发达或欠发达区域流动到经济发达区域，他们宁愿放弃原单位的科研平台而发生流动，虽然在物质利益方面有所增加，但是以失去在原单位较高的机会成本和沉没成本为代价的，很多发生流动的教师在原单位教学、科研各方面的表现都很优秀，且在原单位已经搭建了良好的学术平台，流动意味着一切从头开始。也有很多教师为了物质利益，例如高额的安家费、科研启动经费、住房等而发生流动，在对流入老师的调查中，本书发现物质利益对他们的流动影响显著，他们宁愿放弃较好的学术平台而流入到一些新建本科院校，眼前的物质利益的获取意味着学术追求受到抑制。如果流动既能够提高经济收益，又能够获取较好的学术平台，实现自我价值，发生职业流动，对教师个体则是最佳选择。

地方高校教师为了自我利益发生流动，伴随的是地方高校组织利益的损失，这两者之间的矛盾往往是不可调和的，这也是大多数地方高校实施"留"的人事政策的原因。地方高校组织不能满足教师个体的多方面需求，教师若不发生流动，就意味着个体利益受损。教师个体如若选择流动，这和地方高校"留"的人事政策相悖，这就使教师与地方高校组织之间的矛盾日益尖锐。有少量地方高校选择实施"流"的政策，他们一方面用较高的人才引进成本吸引优秀人才，教师如想发生流动，需要按学校规定完成一定教学、科研工作，并达到一定服务期限才可流动，另一方面他们对教师的流动行为"不阻扰"，这也使得外部的优秀人才"敢"流入。"流"的人事政策短期对组织不利，但从长期看，对个人与地方高校组织则是"双赢"。一方面，教师个体为了发生流动，必须努力积累人力资本，为个人流动创造了条件。另一方面，对组织来说，虽然教师发生了流动，但教师在流动前完成了组织要求的教学、科研任务，为组织绩效的实现做出一定贡献，同时，宽松的人事政策有利于吸引更多的优秀人才流入。

地方高校教师功利性流动的另外一个后果就是进一步加大地方高校与中央部委属高校之间的差距，同时加剧了高等教育资源的非均衡配置。这种单向的、功利性流动属于一种非正常流动，会导致地方高校师资队伍整体素质下降，师资结构失调，从而影响地方高校的教学质量和办学水平，不利于高等教育整体水平的提高，也不能满足经济和社会的发展以及多样化人才培养的需要。

二 组织认同困境

组织认同困境主要表现在地方高校教师高职业认同度与低组织认同度的冲突上。地方高校教师发生校际流动的主要原因之一就是对原所在组织的认同度不高。调查中，本书发现地方高校教师的"工作性质"是很多高校毕业生进入地方高校工作的主要原因，他们认为，地方高校教师享有较高的社会地位，且工作时间相对自由，物质收益处于社会各类职业的中上等水平，整体来说，他们对高校教师职业的认同度相对较高。但是他们对地方高校组织认同度不够，而组织认同是组织文化的后果变量，高校组织文化对外主要体现在学校声望与大学自治上，对内则体现在学校氛围与学术自由上。组织文化对地方高校教师的影响是根深蒂固的，良好的组织文化的形成需要一个长期的过程，而欠佳的组织文化的消极影响是十分明显的，这也经常使得地方高校教师陷入对教师职业的追求同时对组织文化不满的尴尬境地。

组织认同困境源于对组织文化的认同度低或者不认同，落后的组织文化对地方高校发展的消极影响十分明显，主要表现为以下特征：学校缺乏共享的信念、假设、价值观；教职工对重要问题的看法不一致现象较多；在日常生活中表现出各行其是甚至显示出明显的矛盾与冲突；人际关系紧张、复杂且严重失调；组织内聚力较差，内部管理混乱，一盘散沙。相反，良好的组织文化对地方高校的积极影响也是显而易见的。学校通过组织文化将教师与学校两个主体紧密联系在一起，使其充分发挥自身优势，不断促进学校的发展。地方高校通过创新目标、规整制度、文化引导丰富制度文化，充分利用制度文化的导向和激励作用，调动教师的主动性、创造性、积极性，形成较强的组织凝聚力。在良好的组织文化中，教师不断自觉内化组织精神，实现个人价值与组织价值的契合。良好的组织文化能够提高地方高校的组织声望和影响力，较高的外部社会评价能够增强组织成员的内部凝聚力，进一步促进组织效能的提高。

三 人情困境

对地方高校教师个体而言，流动过程中的人情困境主要表现为两种情形。一种是组织内部人情的拉力与外部人情拉力的冲突，教师个体在组织工作、生活的过程中，与组织内其他成员建立了良好的人际关系，包括同事关系和朋友关系，内部的人情对教师个体形成一种无形的拉力，但组织外部的人情拉力也是现实存在的，这种拉力更多的是基于血缘、姻缘、亲缘关系而生成的，当组织内部基于业缘、友缘关系的拉力与组织外部基于血缘、姻缘、亲缘关系的拉力发生冲突时，教师个体陷入困境，流动意味着组织内部人情的放弃。另一种是组织内部的人情推力使教师个体陷入困境。地方高校教师可能主观上不善于处理组织内部人际关系导致人际关系失调，这种内部人情困扰对教师个体形成一种无形推力，也可能出于客观原因而无法融入或继续融入既有的人际圈，形成内部的人情推力，这两种情形都会使教师个体陷入人情困境。

对于地方高校组织来说，当教师个体面临组织外部基于血缘、姻缘、亲缘的人情拉力时，也会给组织带来困扰，组织希望留住教师，但又无法满足其来自组织外部的人情拉力的需要，如果教师的这种情感需求得不到很好的满足，又直接影响个体的工作绩效。同样，当教师个体组织内部人际关系失调，对教师个体形成一种人情推力时，此时组织也会陷入困境，组织希望留住优秀人才，但组织绩效的提高离不开组织内部所有成员的共同努力，对于一些理工类的学科，教师间的合作性比较强，如果教师个体不善于与团队合作，是很难达到预期效果的。对地方高校组织来说，应当增强组织内部的人情拉力，同时减弱组织外部的人情拉力，化解生活与工作的冲突，尽力留住优秀人才并使其充分发挥个人的潜能。这也是为什么地方高校在制定人才引进政策时，会提供安家费或配偶安置等优惠政策。

第二节　地方高校教师流动的价值困境

在多元化的世界和多样化的生活中，价值与价值观念冲突在所难免。人类文化与文明就是在价值的冲突与选择过程中形成和发展的。当人类发展到不同的阶段，会面临不同的困境与挑战，给人类带来新的价值选择困境。随着我国高等教育的快速发展，我国的高等教育事业已经步入一个新的台阶，在地方高校向应用型高校转型与事业单位人事制度改革的双重背景下，地方高校教师在流动过程中面临新的价值选择困境，主要表现为利益、组织认同、人情三种不同的价值选择的冲突与融合。

一　利益与组织认同

1. 利益与组织认同的价值冲突

功利取向与文化认同取向是截然不同的两种价值取向，利益机制与组织认同分别构成这两种价值取向的实践逻辑，也必然形成一定的价值冲突，但冲突也并非存在于所有情形中，在特定情形下，这两种实践逻辑也存在价值融合。

价值冲突是指不同的价值认识与评价之间的矛盾。既包括处于同一矛盾体内不同价值观念的交锋，也包括相离或相斥的价值体系的对抗或分离。价值冲突既可以发生在不同价值主体之间，也可以发生于同一价值主体。

地方高校教师的职业流动过程也是一个冲突的过程。

如图 6-1 所示，右上象限形成利益与组织认同的价值冲突。教师个体有机会到组织外部获取更多的个人利益，包括经济利益和非经济利益。如果他表达出强烈的利益诉求，完全可以实现自身利益最大化。同时，他对所在组织的认同度较高，高度认同所在组织的文化价值观，而且这种组织文化已经内化于教师个体的行为中。此时，自身利益最大化与较高的组织认同形成价值冲突，使价值主体陷入价值选择的困境。

> L 博士："我完全有机会到待遇更好的学校和城市，发展机会也会相对较多。希望获取更多的物质报酬是人之常情，教师也得吃饭、穿衣，也想为自己及家人创造更好的经济条件和生活环境。但我觉得我对我们学校还是有感情的，学校对我们外出攻读博士学位也是很支持的，这里包括物质支持和精神支持，学校帮我们垫付博士学费，还给我们发放基本生活费，保障我们的基本生活，每年春节，学校也对我们外出读博士的老师给予慰问。我们学校虽然整体待遇不是很好，但对高学历教师还是有一定政策倾斜的。在这里工作，我能体会到很强的归属感。我们的整体待遇偏低，这也是事实，我也经常很苦恼。"

调查中，本书发现与 L 博士有类似想法的教师占有一定比例。他们一方面有更多的利益诉求，希望通过职业流动获取更多的个人利益，另一方面，对所在组织有一定情感，甚至依赖。他们对当前待遇不满，但又不想离开。这种心理一定程度上会影响教师的工作积极性，对组织绩效也会产生负向影响。

2. 利益与组织认同的价值选择

在图 6-1 其他三个象限中，教师个体基于自身综合素质和多元化需求，分别做出了流动或不流动的价值选择。不管何种选择，都是利益与组织认同价值冲突的结果。

左上象限表示教师个体的利益诉求强烈，表现出很强的功利取向，流动能够满足个体某方面或多方面的需求，加之，教师个体对组织认同度较低，这种情形下，如果组织外部能够更好地满足个体需求，较低的组织认同度对教师流动也有一定的推动作用，教师发生流动的可能性很大。

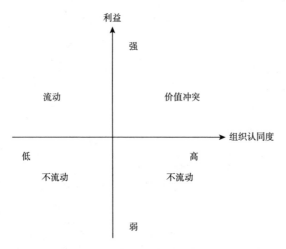

图 6-1　利益与组织的二维象限分析

　　相反，在左下与右下象限的情形中，教师发生流动的可能性都不大，但二者之间也有所差别，左下象限中，教师个体的利益需求相对较弱，这里可能会有两种情形，一是有能力发生职业流动，但利益诉求的表达不强，二是由于个体综合素质限制，不能发生职业流动。不管是哪种情形，教师个体出于利益追求而发生流动的意愿不强，由于他们对组织认同度也较低，教师流动的可能性不大，但他们对工作的投入也不会很大，可能处于一种消极怠工状态，这类教师在地方高校教师中占相当比例。右下象限则不然，虽然教师个体利益需求也很弱，但对组织认同度较高，教师的努力工作更多是出于对组织的忠诚和热爱，这类教师往往最受地方高校组织青睐，但为数也不会很多。

二　利益与人情认同

1. 利益与人情的价值对立

　　功利取向的实践逻辑是利益机制，人际关系取向的实践逻辑是人情法则，利益和人情之间存在价值对立，但这种对立不是绝对的，在特定情况下，价值主体可以根据实际情况作出有利于自己的选择。利益对地方高校教师流动的影响是单向的，它只存在于利益多寡、强弱之间，价值主体只需要选择符合自己的利益即可。但人情对地方高校教师流动的影响则是双向的，它既可以表现为内部人情对教师个体的"推力"与"拉力"，也可以表现为外部人情对教师个体的"拉力"。在分析过程中，本书发现内部人情对教师个体流动的"推力"与外部人情对教师个体的"拉力"具有同向性，故合二为一进行分析，同时也关注两者对教师流动影响的差异。

在图6-2中，右下象限表明人情推、拉力（内部推力/外部拉力）较强，但利益需求表达较弱，这里形成鲜明的价值对立，如果教师发生流动，则意味着自身利益受损。但这两种力的作用方式有所差别。内部推力往往表现为和组织中成员的人际关系失调，或者出于其他个人原因无法面对组织中的其他成员，上文中 Y 老师由于婚姻破裂而无法在组织中正常生活而不得不离开就是很好的例证，Y 老师的被动流动并没有给他带来任何利益的增加，相反，他失去了在原组织中良好的职业发展机会。人情的外部拉力更多的是源于家庭或亲戚朋友等，单纯的因外部人情而发生流动并不能给地方高校教师带来价值增值，更多的是价值贬值。书中提到的 X 博士的流动经历就可以说明这一点。

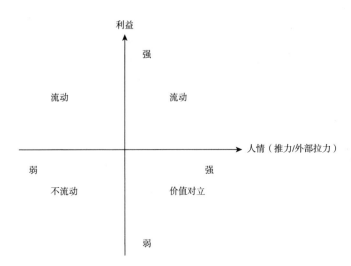

图6-2　利益与人情（推力/外部拉力）的二维象限分析

X 博士："我来到这里工作更多的是从家庭的角度来考虑的。我读博期间学术成果还算可以，我的博士学位论文获得省优秀论文奖，当时，导师也希望我能到一个好一点的学校继续做科研，我当时的就业机会很多，可以去沿海的高校，也可以去省会城市的高校，毕业之后，我首先去了一个省会的城市高校，那个学校的科研平台还可以，待遇也可以，但唯一不足的是不能解决家属安置问题，因此，我在那工作一年后就辞职了，来到了现在的单位，从省会城市高校来到这个经济优势不明显的地市级高校，两所学校综合实力差异显著，待遇也赶不上原来的学校，说心里话，多少有些不甘心，但是没有办法，学习是为了更好的生活，没有和谐的家庭生活，学习也是无本之木、无源之水了。"

从 X 博士的流动经历可以看出，家人的亲情拉力直接导致了她的流动，从经济利益和学术发展上看，她的选择都不是最优选择，人情和利益在大多数情况下是对立的。现实生活中，因两地分居不得不发生职业流动的教师为数很多，他们为了家庭的情感满足而发生职业流动，其代价是经济利益受损、个人发展空间受限等。

价值对立同样表现在内部人情的拉力与利益追求的关系上。在图 6-3 中，右上象限表现为较强的内部人情拉力与较强利益诉求表达之间的价值对立。在调查中，本书发现一些经济欠发达地级市高校教师的这种价值对立最为明显，他们在原单位工作了很长时间，已经与所在组织内外建立了良好的人际关系交往圈，但区域经济发展的劣势对地方高校发展的负向影响直接关系到教师的福利、待遇，这种高校与其他高校之间的物质待遇差距越来越大，这种经济上的相对剥夺感越来越明显。这类教师的流动意愿很强，有一部分教师已经发生职业流动，但其代价是基于人情的社会资本的损失。

2. 利益与人情的价值选择

利益与人情的关系不仅仅表现为价值对立，在非特定情况下，价值主体可以根据自身利益作出价值选择。在图 6-2 中，右上象限与左上象限都表现为教师流动行为的发生，但其"推力"与"拉力"发生作用的方式不尽相同。在右上象限，可以分为两种情形，一种是由于教师的人际关系失调，对组织中的人情冷漠，在组织中"待不下去"，同时，流动又可以满足教师个体某种利益需求，教师个体可能会选择流动到组织外部。另一种情形则是来自组织外部的人情拉力很强，比如来自家庭或亲人等的拉力，同样，发生流动还可以满足教师个体的某种利益需求，这时的流动行为对于教师个体来说是一种理性选择。在左上象限，虽然内部推力不强，但是流动能给教师个体带来更多的利益，教师个体也可能会发生流动。来自外部的人情拉力不强，教师个体也可能会发生流动，但其前提条件是不对既有的情感需求造成过多的负面影响（例如两地分居等），这时教师个体的流动可能性远低于右上象限。在图6-2的左下象限中，内部的人情推力很弱，外部的人情拉力不明显，教师个体的利益诉求表达也不强，发生流动的可能性很小。

与图6-2相比，图6-3中的利益与人情的内部拉力关系对教师价值选择的作用有所不同。在左上象限中，组织的内部人情拉力不足以对抗组织外部利益需求的诱惑力，教师个体可能会发生流动，这时的情形与图6-2左上象限的情形有相似点。在左下象限，内部人情拉力很弱，但教师个体的利益需求表达也很弱，流动对教师个体来说是"不划算的"，此时，流动可能性很小，教师个体的工作积极性也不会很高。在右下象限中，内部的人情拉力很强，教师个体的利益需求表达很弱，他们流动的可能性不大，此时，与图6-1右下象限的情形相似，但不流动的原因有所不同。

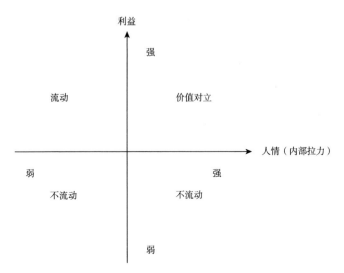

图6-3　利益与人情（内部拉力）的二维象限分析

三　人情与组织认同

1. 人情与组织认同的价值两难

人际关系取向与文化认同取向是两种截然不同的价值取向，但它们又有着某种内在联系，当人情与组织认同同时出现时，经常使价值主体陷入两难境地，因此，根据实际情形进行价值排序显得尤为重要。

同样，由于人情推力与外部拉力的同向性，本书将合并分析。在图 6-4 的右上象限中，人情的推力与高组织认同使得教师个体面临两难选择。

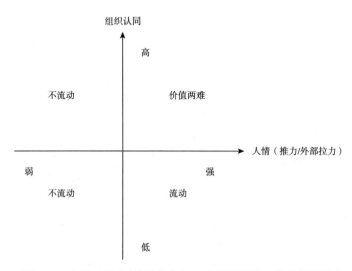

图6-4　人情（推力/外部拉力）与组织认同的二维象限分析

在图 6-4 右上象限中，还存在另一种两难境地。当组织外部的人情拉力较强，而对组织的认同感也较强时，价值主体也会陷入两难境地。不管价值主体做出何种选择，都无法兼顾两方的利益。

在图 6-5 右下象限中，价值主体也会陷入两难境地，但与图 6-4 右上象限的情形有所不同。人情的内部拉力很强，教师个体与组织内部建立了良好的人际关系，但对组织认同度很低，如果流动，则意味着放弃良好的内部人际关系，如果不流动，也不愿意为组织努力工作。

2. 人情与组织认同的价值选择

人情与组织认同经常使地方高校教师陷入价值两难境地，但当其中任何一方力量发生变化时，价值主体又可以根据自身情况做出最佳选择。

在图 6-4 左上和左下象限中，教师个体发生流动的可能性很小，但二者情形却不一样。左上象限中，教师个体对所在组织认同度较高，内部人情推力很弱，如果没有第三方原因，教师完全没有必要发生职业流动。而

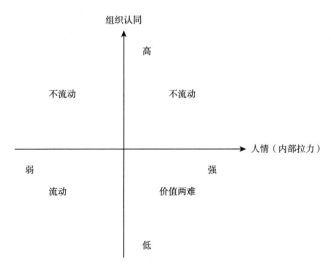

图6-5　人情（内部拉力）与组织认同的二维象限分析

在左下象限中，内部人情的推力很弱，教师个体对组织认同度也不高，教师个体可能不会发生流动，消极怠工的可能性也较大，这时教师个体不流动的可能性远低于左上象限。

相反，在图6-4右下象限中，内部人情推力较大，教师个体内部人际关系失调，且对组织认同度较低，只要遇到合适机会，教师个体发生流动的可能性很大。

同理，在图6-4左上与左下象限中，外部人情拉力很弱，教师个体的组织认同度较高时，流动的可能性不大，组织认同度较低时，没有第三方力量的介入，流动可能性也不大，其原理同上。在右下象限中，外部很强的人情拉力与较低的组织认同度共同发生作用，促动教师发生流动。

在图6-5右上和左上象限中，教师发生流动的可能性都不大，在右上象限中，人情的内部拉力较强，教师与个体组织成员建立了良好的人际关系，加之，其组织认同感较强，教师发生流动的可能性很小，这类情形是地方高校组织最愿意看到的。在左上象限中，即使人情的内部拉力不强，教师个体也可能会因为较高的组织认同感而留在组织，他们看重的是所在组织，而不是组织中的人，当然这种不流动的可能性要比右上象限小得多。在左下象限，由于组织认同度较低，人情的内部拉力也很弱，教师发生流动的可能性很大。

基于对利益、组织认同、人情关系的二维象限分析，本书可以对地方高校教师流动与不流动的可能性进行排序（见表 6-1）。关于流动的可能性，图 6-2 右上象限发生职业流动的可能性最大，其中，外部人情的拉力与利益追求的综合作用力可能略高于人情的推力与利益追求的综合作用力。不管是推力还是拉力，此时教师发生流动可以实现利益最大化，流动的可能性也最大。其他情形的流动，可以分别归为可能流动和有可能流动两类。关于不流动的可能性，图 6-5 右上象限与图 6-1 右下象限不流动的可能性最大。图 6-5 右上象限是较强的人情内部拉力与高组织认同度共同作用的结果，教师不发生职业流动的可能性很大，图 6-1 右下象限，教师个体对组织认同度较高，对利益的需求不明显，也很可能继续留在组织中。这两种情形是地方高校组织最愿意看到的，既能节约办学成本，又可以留住人才。而图 6-4 左下象限、图 6-3 左下象限、图 6-2 左下象限、图 6-1 左下象限的情形是地方高校组织不愿意看到的，虽然他们有可能不会流动，但其工作积极性不高，消极怠工倾向严重，这些教师虽然留在组织中，但对组织发展是不利的。图 6-1 右上象限、图 6-2 右下象限、图 6-3 右上象限、图 6-4 右上象限、图 6-5 右下象限则是地方高校教师的价值选择困境，每一对关系都会存在一种价值困境，价值困境的两方面无法兼顾，选择一方意味着放弃另一方，使得他们经常束手无策。

表 6-1 地方高校教师流动（不流动）可能性对照

	流动可能性	不流动可能性	价值困境
很可能	图 6-2 右上	图 6-5 右上、图 6-1 右下	图 6-1 右上 图 6-2 右下 图 6-3 右上 图 6-4 右上 图 6-5 右下
可能	图 6-1 左上、图 6-4 右下	图 6-5 左上、图 6-4 左上、 图 6-3 右下	
有可能	图 6-2 左上、图 6-3 左上、 图 6-5 左下	图 6-4 左下、图 6-3 左下、 图 6-2 左下、图 6-1 左下	

以上是对利益、组织认同、人情关系的二维象限分析，实质上是三者关系的两两比较分析。现实生活中，教师发生职业流动或者不流动可能是个体、组织、外部环境多维因素交互影响的结果，三种价值取向有可能同

时出现，这意味着地方高校教师必须在利益、组织认同、人情关系三者之间做出抉择。在此，结合表 6-1，假设三种价值取向同时存在，笔者对很可能发生流动和很可能不流动的几种情形做进一步分析。在图 6-2 右上象限，教师的利益诉求比较强，人情（推力/外部拉力）的作用力也较强，若组织认同感不强，教师很可能发生流动，若组织认同感较强，同样会因为利益、人情的双重作用发生流动。在图 6-5 右上象限，组织认同度较高，人情（内部拉力）作用力较强，若利益诉求不强，教师很可能不会流动，即使有一定的利益诉求，但由于整体上我国中、东、西部之间教师收入差别仍在一定范围之内，教师发生流动的动机不明显。在图 6-1 右下象限，组织认同感较强，利益诉求较弱，人情（内部拉力）作用力大小很可能改变不了教师的抉择行为，此时，因人情（推力/外部拉力）的作用力大小发生流动也不是教师的理性选择。因此，即使三种价值取向同时存在于同一主体，最终也会由三者关系演变为主要的两者关系，三者关系的两两比较分析可以解释三者关系。

第七章　地方高校教师流动的价值取向调适

　　利益、组织认同、人情的价值冲突与融合是功利取向、文化认同取向、人际关系取向三种价值取向相互作用的表现方式。这三种价值取向经常使个体、组织面临现实困境。同时，由于价值主体在进行决策或行为时会考虑多重因素，必然存在多种价值取向，多种价值取向交锋也经常使价值主体陷入抉择困境。为了化解地方高校教师流动的现实困境和价值困境，使教师个体的流动行为能够兼顾个体、组织、系统三方面利益，本书需要对地方高校教师流动的三种价值取向进行适当调适。

　　地方高校教师流动是教师个体与组织价值冲突的结果。他们在流动过程中所表现出的三种不同价值取向分别体现为三种不同的价值冲突。功利价值取向体现为目标性价值冲突，个体与组织分别基于不同的利益目标使流动行为向有利于自己的一方发展。这种基于经济人假设的价值取向，其价值冲突往往很难调和，一方获利意味着对方利益受损。文化认同价值取向体现为认知性的价值冲突，主要表现为个体对组织核心价值观的认知偏差，或者是不认同，这种基于文化人假设的价值取向，因组织价值观的延续性和继承性，决定了其价值冲突的调适是一个漫长的过程。人际关系价值取向体现为感情性价值冲突，主要是价值主体在处理社会关系过程中的一种心理感受和自我意识。基于社会人假设的人际关系取向，因社会关系的多元性决定了人际关系受多重因素的影响与制约，其价值冲突的调适也必然是一个复杂过程。

　　因此，地方高校教师流动价值取向的调适需综合考虑个体、组织、国家不同层面的价值诉求。这种调适应遵循一定的原则：人力资本合理配置原则、个人与组织价值契合原则、资源配置效率价值与公平价值兼顾原则。本章还分别从教师职业信念重塑与职业道德提升、组织文化的价值培育、国家政策的价值指引三条路径对地方高校教师的流动价值取向进行调适。

第一节　地方高校教师流动的价值取向调适原则

一　人力资本合理配置原则

人力资本是个体所拥有的体力、健康、经验、知识和技能及其他精神存量的总称，它可以在未来特定经济活动中给相关经济行为主体带来利润或收益。人力资本概念的内涵包括凝结在人身上的"人力"和可以作为获利手段使用的"资本"两个方面。[①]

人力资本合理配置主要表现为以下几点。一是人力资本的合理使用。微观上讲，合理使用是指人力资本投入的最高产出率。要"将合适的人放到合适的岗位"，避免"大材小用"和"小材大用"，要为最大限度提高人力资本的利用效率、充分实现人力资本自身价值创造良好的内外部环境。同时，要"使在岗的人不偷懒"，要求各层次的人力资本都充分发挥自身价值，切实带来社会效益和经济效益。宏观上讲，合理使用原则要求提升人力资本的流动性，树立全局性的人力资本配置观，允许人力资本的合理流动。二是人力资本的良性结构。通过调节各地区、各行业的人力资本形成一个良性的宏观人力资本结构，通过职位升迁、岗位流动等方式，形成一个有效的微观人力资本结构。同时，要保持人力资本结构的动态性，通过各层次人力资本的相互影响，促使人力资本在不同层面上持续增长，人力资本结构不断优化。三是人力资本的利用效率。利用效率就是人力资本的经济效益，即人力资本的投入与产出比例。追求人力资本配置效率就是提高人力资本的利用效益，实现人力资本自身价值最大化。[②]

地方高校教师流动也需要考虑人力资本的合理使用。教师个体能力与岗位要求匹配，如果教师个体能力远远超过所在岗位要求，则会造成人力资本的闲置，不能充分发挥人力资本的效用价值，也不利于激发教师个体的工作积极性，教师个体必然发生流动。相反，如果教师个体能力远低于所在岗位要求，不仅不能很好地实现教师的个体价值，也不利于组织目标的实现。同时，地方高校组织要结合实际，量体裁衣，允许高人力资本教

① 李宝元：《人力资本论》，北京师范大学出版社，2009，第 5 页。
② 冯子标：《人力资本运营论》，经济科学出版社，2000，第 141~143 页。

师自由流动，建立不合格教师的退出机制。地方高校要保持良性的师资结构，使不同层次人力资本的教师相互影响，保持教师人力资本的动态结构，在同一组织内，使教师个体的层次有上有下，充分激发不同层次人力资本教师的潜力，实现教师结构的优化。地方高校要为人力资本的使用提供必要的条件，提高人力资本的利用效率，最大限度地发挥人力资本的效用价值。

二 个人与组织价值契合原则

个人与组织契合是管理研究中需要认识的重大问题之一，价值契合是定义个人与组织契合的常用方式。个人与组织的价值契合包括一致性契合与互补性契合两大类。

一致性契合是指个人能够提供或拥有的特征与组织其他人相似。一致性契合分为个人与组织价值观的契合和个人与组织目标的契合。个人价值观包括个人对社会及其成员关系、对自然及超自然等关系的构想，以及存在于个体的生活价值理念。[①] 个人价值观是能够指引人们的行为模式的持续信仰。组织价值观是组织内部成员共享的信仰、假设，它构成了内部共同使用的语言系统。组织价值观是组织应当做什么以及组织中的成员如何做的一种价值判断。个人与组织价值观的一致性则是个体的价值观与组织价值观相近或相同的程度。大量实证研究表明，个人与组织达成高水平的价值观一致性能产生积极结果，比如较高的工作满意度与组织绩效、较低的离职意向等。[②] 个人目标与组织目标并不总是背道而驰的，如果能够给予适当的机会，员工们能自愿地将个人目标与组织目标结合起来，个人需求的满足可以使他们朝着组织目标而努力。如果组织能够根据成员的需求与目标，适当调整组织目标，将有利于组织目标的实现。同时兼顾个人目标与组织目标，实现个人与组织目标的契合。[③]

互补性契合则是指个人的特征使组织完整化或弥补组织的不足。互补

---

① 杨中芳：《中国人真的是"集体主义"的吗？——试论中国文化的价值体系》，载杨国枢主编《中国人的价值观——社会科学的观点》，(台北) 桂冠图书股份有限公司，1994，第23页。

② 汪潇、杨东涛：《个人与组织价值观一致性研究述评与展望》，《学术界》2014年第7期。

③ 〔美〕道格拉斯·麦格雷戈：《企业的人性面》，韩卉译，中国人民大学出版社，2008，第46~50页。

性契合包括两个方面。一方面，个人与组织的契合发生在组织能够满足个人的需要、偏好、欲望时，如组织能够满足个人期望，组织则具备了被个人期望的组织特质。另一方面，个人需要具备组织需要所要求具备的能力。个人的品质、能力、技术能够达到完成组织任务的基本要求。只有同时满足这两个方面的条件，个人与组织的完美契合才会发生。换句话说，拥有资源的组织需要完成自身任务，拥有精力和能力的个人需要物质及发展机会。[①]

个人与组织的价值契合对地方高校组织及教师个体提出不同的要求。为了实现教师个体与组织价值观的一致性，地方高校形成教师个体共享的组织文化尤为重要，使教师对组织有高度的认同感，愿意为组织目标的实现努力工作。让教师的价值观与组织的价值观融为一体，教师在实现自我价值的时候，某种程度上有利于组织价值的实现。组织要为教师提供物质基础与发展机会，让那些有精力和能力的教师有用武之地，另外，加强在职教师的培训，进一步加强人力资本投资，不断提高教师的综合素质，使教师的个体特征能够满足组织任务完成的需要。

三　资源配置效率价值与公平价值兼顾原则

效率与公平是两个永恒的理念，公平属于伦理学范畴，效率属于经济学范畴，两者天生不是一对矛盾关系，但在资源有限的条件下，公平与效率的矛盾是现实存在的，在高等教育领域亦是如此。高等教育的公平追求的是高等教育的普及与规模，让每一个人都有上大学的机会，培养社会发展所需要的大众化人才；高等教育的效率则是集中将优势资源优先供给那些天赋较高的优质学生，培养国家经济、科技发展需要的精英人才。在高等教育资源有限的条件下，是将有限资源优先投入到一流大学、一流学科，还是将有限的高等教育资源平均分配给所有普通高等学校，或者重点扶持弱势高校，缩小高等教育差距？[②]

在高等教育资源配置过程中，应当根据公平与效率权衡利弊得失，做出正确的价值判断与价值选择，否则会造成资源浪费，效率低下，公平失

---

① 刘祯、陈春花：《个人与组织契合的内涵及研究展望》，《管理学报》2011年第2期。
② 潘懋元：《公平与效率：高等教育决策的依据》，《北京大学教育评论》2003年第1期。

衡。在经济与社会转型时期，为了加快改革与发展的步伐，一般采取效率优先、兼顾公平的原则。高等教育也不例外，当前，我国高等教育也面临着重大改革，2014 年 6 月国务院印发的《关于加快发展现代职业教育的决定》（以下简称《决定》）和 2015 年 8 月党中央深改组审议通过的《统筹推进世界一流大学和一流学科建设总体方案》（以下简称《方案》）分别对普通本科院校（尤其是新建本科院校）和重点大学改革作出了战略部署，引导一批普通高等学校向应用型高校转型，支持一批高水平大学和学科进入世界一流行列或前列。[①] 为了进一步推进高等教育改革，促进高等教育快速发展，我们也应该采取效率优先、兼顾公平的原则。要将优势资源进行整合，建设一流学科和一流大学，同时，加大对地方高校的投入，积极推进地方高校的转型和发展。

追求公平是社会主义现代化建设的终极价值目标，缩小贫富差距，实现共同富裕是社会主义的本质要求。从高等教育大国向高等教育强国转变，要求提高高等教育的整体水平，而整体水平的提高一定程度上依赖于地方高校办学水平的提高。但是公平不等于平均，也必须不断提高效率，不讲效率的公平是一种低层次的公平，在高等教育资源有限的条件下，如果不注重效率，对所有不同类高校同等投入，平均用力，其结果就是达到一种低层次的公平，不利于整体高等教育水平的提高。效率优先，就是为了实现高层次的公平。在教育改革的关键时期，对重点大学、重点学科适当倾斜，尽快实现我国科技水平的提高，然后以点带面，对地方高校进行帮扶，带动地方高校的发展，从而实现高等教育的"共同富裕"。

高等教育效率公平兼顾具有一定的时代性和相对性。不存在绝对的公平，在我国高等教育的不同发展阶段，只要高等教育存在差异性、竞争性，就会存在一定的不公平。反过来，也不存在最大效率，因为效率的追求是永无止境的，没有一个客观评判标准，因此，我们需要在公平与效率之间寻找一个最佳平衡点，在追求公平时强化效率意识，在追求效率时注入公平理念，在公平与效率的相对统一中持续发展。

地方高校教师流动，一方面可以实现优势资源的整合，让一些优秀人

---

① 《国务院关于印发统筹推进世界一流大学和一流学科建设总体方案的通知》（国发〔2015〕64 号）。

才流入到中央部委属高校，成为建设"一流大学、一流学科"的重要补充力量，此时，地方高校要允许教师发生流动，充分发挥人才效率。另一方面，要加大对地方高校的投入，及时向地方高校补充符合地方高校需求的合格人才，为地方高校注入新鲜的血液。同时，注重中央部委属高校对地方高校的"反哺"作用，对地方高校实施精准帮扶，促进不同层次高校的交流与合作，促进地方高校健康发展。

第二节　地方高校教师流动的价值取向调适路径

地方高校教师流动，从微观上看，是教师个体与组织关系变化的过程，从宏观上看，则是地方高校教师资源在不同区域、不同高校之间的配置过程。因此，结合本书对地方高校教师流动价值取向的分析，以及不同的价值取向对个人、组织、系统所产生的影响和所引起的价值困境，分别从个人、组织、系统的角度对地方高校教师流动的价值取向加以调适。

一　自我调适：教师的职业信念重塑与职业道德提升

地方高校教师是流动的主体，也是职业流动发生的内因，相对于外在约束机制，教师的自我约束是根本。因此，对地方高校价值取向的调适很大程度上依赖于教师的自我调适，主要表现为教师的职业信念重塑与职业道德的培育。

1. 重塑教师的职业信念

信念是人们对某种现实或观念深信不疑的一种精神状态，它是价值意识的观念形式之一。[1] 教师职业信念则是教师基于一定的教学活动实践，对自己所从事的职业有一定认识，逐渐形成对教师职业的劳动价值认同和坚信不疑的态度。[2] 教师职业信念是人们从事教师职业的动力源，一旦他们具备了坚定的教师职业信念，就会对他们的职业生涯产生深远影响，决定了他们投身教育事业的方向性、原则性和坚定性。相反，缺乏坚定的教师职业信念，他们就会对教育事业缺乏工作热情，也难以在教学活动实践中发

---

[1]　李德顺主编《价值学大辞典》，中国人民大学出版社，1995，第829页。
[2]　肖正德：《基于教师发展的教师信念：意蕴阐释与实践建构》，《教育研究》2013年第6期。

挥主观能动性、积极性和创造性。①

大学教师，本是令人向往的职业，如今，他们却承载着太多的经济利益与名誉负担，大学教师的职业信念面临严重挑战。地方高校教师尤其如此，在复杂的经济社会环境下，地方高校教师的物质主义、功利主义、利己主义渐长，在地方高校教师流动过程中体现得淋漓尽致，地方高校教师的不合理、无序流动现象增多，严重影响了正常的教学秩序，教育质量也难以保证。因此，重塑地方高校教师的职业信念具有一定的时代意义和紧迫性。

可以尝试从以下三个方面来重塑地方高校教师的职业信念。第一，对高校教师职业有一个正确认识。高等教育是人才的输出终端，高校的人才培养质量直接影响经济和社会发展的进程，也直接关系到每个大学毕业生的健康发展。地方高校的主要任务是为社会培养合格的应用型人才，这就要求地方高校教师本着"以生为本"的原则，全身心投入教学、科研活动中，切实关注每一个学生的发展，学生的发展应优先于教师的自我发展。第二，奉守教师职业信条。高校教师职业是一种人与人的全面接触、以灵魂塑造灵魂的职业。这就要求高校教师坚守职业信条，将职业信条作为职业活动的依据。尤其在当下社会文化急遽转型时期，地方高校教师也会面临职业信仰危机。这就要求地方高校教师具有坚定的内在信念，摆脱纯粹物质功利的诱惑，在物欲膨胀的社会里坚守三尺讲台，在职业信念里找到职业乐趣和生命价值，不计物质报酬而全身心投入教育事业。第三，树立正确的自我价值观。教师的自我价值观对教师的工作积极性和职业稳定性有重要影响，教师能否树立正确的自我价值观，直接影响教师的工作投入程度，正确的自我价值观能够引导教师的思想与行为动机，从而竭尽全力实现自我价值。个人价值观包括社会对个人的满足与尊重，也包括个人对社会的责任与贡献。衡量教师的自我价值应该同时兼顾这两个方面，过于偏重社会对个人的满足程度，容易导致功利主义，相反，只注重个人对社会的义务与责任，也不利于充分调动个体的工作积极性和创造性。

2. 提升教师的职业道德

教师职业道德，简称师德，是教师从事教育活动过程中应遵循的社会

---

① 王卫东：《教师职业信念问题初探》，《华东师范大学学报》（教育科学版）2000年第4期。

规范的总称。教师职业道德是一般社会道德在教师职业的特殊体现。教师职业是朔造人类灵魂的职业，直接关乎人的健康发展，因此，教师职业道德在内容上必须实现一般社会道德的超越。在现代社会中，"社群人""职业人""德性人"是个体经常扮演的社会角色，可以从这三个方面提升教师的职业道德。

首先，遵守"社群人"的利他原则和公共规则。社会关系是人与人的一种基本关系，社会中的人也总是归属于这种或那种社群，成为"社群人"。社群场域就是社会道德的践行场所，个体在社群生活中的道德行为主要表现为利他原则和公共原则。人有利己动机和利他动机，在社群生活中，如果总是考虑自身利益，坚持利己原则，就无法实现不同个体的利益互惠，此时，利他原则显得尤为重要。个体行为如果触犯了利他原则，便被认为是不道德的行为。同时，个体还应遵循社群的公共规则，公共规则或是明文规定，或是社群成员共享的内隐性的潜规则，这两类公共规则都对个体的行为有一定的约束作用。地方高校教师在流动过程中，也应遵守利他原则和公共规则，这里的"利他"是指教师个体也应考虑组织和社会的利益，公共规则是高等教育系统的相关规则。

其次，坚守"职业人"的契约精神。契约精神源于经济领域，后来广泛应用到社会的各个领域，其核心是契约守信，即诚信精神。市场经济是诚信经济，在市场经济的建设过程中必然会出现很多诚信问题。地方高校教师流动过程中的诚信问题尤其突出。诚信问题既可以是法律问题，也可以是道德问题，道德问题重在提前预防，法律问题注重惩戒，地方高校教师流动中的诚信问题更大程度上归属于道德问题。这就要求契约双方自觉遵守契约条款。一方面，地方高校教师要不断提高自身的诚信道德水平。地方高校可以将诚信道德教育作为教师考核和评价的重要指标之一，加强对地方高校教师的诚信道德教育，将个人理想与学校发展结合起来，树立诚信守约的良好风尚，不断促进地方高校教师提高自身的诚信道德水平。另一方面，地方高校组织也应诚信守约。按照契约规定兑现教师福利待遇，为教师发展提供广阔的空间，使教师愿意留在组织并积极工作。对待教师的流动行为也应理性看待，"政策留人、合同留人、档案卡人"的做法不仅不能留住人才，也使得外部的人才不敢进来。只有双方本着诚信的原则，才能实现个人理想与学校发展的双赢局面。

最后，重拾"德性人"的至善追求。"德性"是人的一种优秀内在品质，是人类实践的终极目标所在，"德性人"是人类的一种终极角色。"德性"的内在追求便是至善，"德性人"在社会道德实践中表现出种种美好的德行，为世人的表率和榜样。高校教师职业的特殊性要求地方高校教师充当"德性人"的角色，将"教师成为德性人"作为一种终极理想指引地方高校教师的言行。赋予高校教师较高的道德期待和社会声望，从而激发教师的献身精神，实现高校教师职业道德的最高层次。[1]

二　组织调适：组织文化的价值培育

尽管文化是一种抽象概念，但文化在社会和组织情境中所产生的影响是巨大的。对于地方高校组织来说，组织文化是地方高校组织的精神，是地方高校组织的软实力和社会形象，是地方高校组织管理与和谐的基础，组织文化对于提高地方高校组织的核心竞争力、增强师生的内聚力、提高组织绩效都有重要作用。因此，结合组织文化的四个考察维度（参与性、一致性、适应性、目的性）和三个文化层面（器物层面、制度层面、精神层面）对地方高校组织文化进行价值培育具有一定必要性。

1. 树立"人本管理"的思想，注重教师的参与

人本管理，是区别于传统的"见物不见人"或者将人视为工具、手段的管理理念，是以人为中心的管理理论与实践的总和，人是企业最宝贵的资源，也是唯一活资源。管理的终极目标是实现人的全面自由发展。[2] 在管理过程中，要充分尊重人、理解人、关心人，只有在组织中感觉到主体意识，他们才会为了实现组织目标尽职尽责地履行自己的义务。[3] 正如雅斯贝尔斯所言："大学的理想是要靠学生和老师来实践的，组织形式则是次要的。离开学生和老师实现大学理想的活动，单凭组织形式无法挽救大学的生命。"[4]

地方高校的发展一定程度上取决于教师的发展水平，形成"以人为本"

---

① 靳玉军：《教师职业道德提升的实践机制》，《高等教育研究》2014年第9期。
② 戴建波：《人性假设理论视阈下地方高校教师流动的影响因素及管理对策》，《大学教育科学》2016年第3期。
③ 段维龙：《企业文化与人本管理》，北京大学出版社，2013，第140~143页。
④ 〔德〕雅斯贝尔斯：《大学的观念》，《新华文摘》2001年第1期。

的组织文化是地方高校教师管理的核心，充分向教师授权，让他们感觉到自己是学校的主人，他们才会将个体目标与组织目标有效结合起来，全身心投入教学和科研工作中去。[①]

因此，地方高校组织要注重教师参与意识的培养。第一，要充分信任教师，向教师授权，重视教师的参与管理。在地方高校，存在明显的科层特征和"官本位"思想，行政权力大于学术权力，学术力量相对薄弱，这就使得教师为了捍卫自己正当的学术权力，不得不寻求"行政权力"的庇护，这在一定程度上进一步弱化了学术力量。因此，地方高校组织应向教师充分授权，提高教师在地方高校组织中的社会地位，让教师在学校重大决策时享有更多的话语权，从而激发教师的积极性与创造性。第二，以团队为导向，加强团队的协作关系，在地方高校，不管是教学还是科研服务方面，都离不开团队的合作，教师通过一定的团队，与其他成员充分交流与协作，不仅可以提高自身的综合素质，还能激发教师的工作热情，增强教师的团队合作意识，从而以团队的力量促进组织绩效的提高。第三，注重教师的能力提升，为教师提供更多的培训与发展机会。地方高校的发展本质上是教师的发展，不断提高教师的业务素质和综合素质，才能不断提高教学质量、提升科研产出。教师获得更多的培训与发展机会，对于提高其组织认同度也有一定正向作用。

2. 增强领导者的文化意识，提高管理水平

组织文化产生的主要来源之一是组织领导者的信念、价值观及假设。领导者不仅选择了组织的基本使命和运营环境，还选择了组织成员，并在组织努力战胜环境、整合自身的过程中，塑造组织成员的反应方式。[②] 因此，增强领导者的文化意识，对于良好的组织文化建设有直接的引领作用。地方高校领导者在组织中的等级地位决定了他们在组织文化建设中的核心作用，他们所共享的信念、价值标准、行为方式和学校的规章制度有效结合起来，共同构成了学校的管理文化。学校领导者是地方高校组织文化的传播者和推行者，他们基于在组织中的特殊地位、威望、影响力，掌握着

[①] 戴建波：《人性假设理论视阈下地方高校教师流动的影响因素及管理对策》，《大学教育科学》2016 年第 3 期。

[②] 〔美〕埃德加·沙因：《组织文化与领导力》，章凯、罗文豪、朱超威等译，中国人民大学出版社，2014，第 190 页。

更多的组织文化宣传、传播的机会，权力的外在强制力也使得他们成为组织文化强有力的推行者。从某种意义上说，学校领导者塑造了学校的组织文化，学校组织文化建设依赖于领导者的文化认知水平，也离不开领导者的积极参与和推行。

领导者具备较高的文化意识对于提高学校管理水平有重要影响。可以尝试从以下几个方面增强领导者的文化意识，提高学校的管理水平。第一，凝练科学的教育理念，形成共享的核心价值观。作为地方高校的领导者，必须结合地方高校的实际情况和办学特色，对地方高校有一个全方位的战略认识，在此基础之上，凝练科学的教育理念，形成教师共享的价值、信念，从而对组织产生强烈的认同感，对学校未来充满希望。第二，提高管理水平，确保较高的内部一致性认识。作为学校管理者，要在关键问题上协调不同意见，确保内部的高度一致性。这里不仅需要学校规章制度"硬性"约束，更离不开"软性"的管理艺术与管理文化。第三，不同部门的协调整合，提高其配合程度。当前，我国地方高校实行的是校、院两级管理，校、院两级分别形成了相对完备的组织结构，由于职能部门、院系权责界限不明，管理中的不协调问题经常出现。因此，不同部门之间的协调整合显得尤为重要。

3. 培育组织的创新能力，创建"学习型"组织

组织在发展过程中，除了要处理组织内部的协调整合问题，同样面临组织外部环境的适应问题。随着知识经济的快速发展，地方高校组织所处环境的动态性、复杂性和不确定性进一步加剧，为了适应不断变化的外部环境，地方高校组织必须不遗余力地进行创新和变革，不断提高市场竞争力，从而在高等教育市场中占有一席之地。大量实证研究也表明，组织创新对组织绩效有重要的促进作用。

在地方高校教师管理的问题上，地方高校的组织创新主要体现在制度文化的创新和变革上。地方高校组织要与时俱进，创新制度文化。制度文化不是永恒有效的，也不存在一种完美无缺的制度文化，制度文化需要与时俱进、不断创新。制度文化也不是一劳永逸的，需要不断调整、修正。制度文化创新源于一线教师，他们是制度文化的践行者和受益者，这就要求管理者在制定相关政策时充分考虑教师的需求，听取教师的声音。

要实现制度文化的创新，就要求组织具备一定的学习能力。组织学习是学习型组织的重要行为特征，它是指组织为了适应变化而进行的组织成

员间相互作用的一种学习活动。组织学习是解决组织所面临问题的一种方法，也是组织顺应变化和发展的一种组织战略。创建"学习型"组织具体可以从两个方面入手。一是建设学习型文化。学习型文化的前提假设是人类的行为与环境相关时，恰当的行为方式是做一个前瞻性问题的解决者和学习者，如果这种学习是建立在积极主动的假设上，那么在环境发生变化时，学习也变得相对容易。学习型文化的 DNA 是"学习基因"，组织成员持有共享的假设，即学习是一件值得投资的事情，学会学习是一项必备的技能。① 二是培养学习型领导。在环境发生剧烈变化时，学习导向型领导必须向组织成员传递信心，领导者解决问题时的积极态度能促进组织成员不断学习，并为组织成员树立良好的榜样。这就要求组织领导者具有敏锐的洞察力，还要能够利用这种洞察力，根据外部世界变化将其延伸。学习型领导者还需具备一定的恒心和耐心，在组织发展的每一个阶段都需要领导者帮助组织找出并解决问题，有时可能短期内找不到解决问题的办法，但他也必须努力尝试解决问题，并稳定组织成员的情绪。②

4. 确立共同愿景，明确组织使命

组织的愿景、使命是组织外部适应性问题的另一重要组成部分。每一个组织都必须从其最基本的核心使命、主要任务或者"存在理由"中发展出一种终极发展的共享概念。地方高校作为一种社会组织，其共同愿景源于全体教师的个体愿景，共同愿景能使具有不同个性的个体凝聚在一起，为了组织的共同愿景而努力。"当人们真正共享愿景时，共有愿景会紧紧将个体结合在一起，共同愿景源于共同的关切。"③ 确立共同愿景是组织文化建设的重要步骤，没有共同的愿景，组织就失去生机、活力与创造力。组织共同愿景的确立，对改善组织成员的关系、增加组织的内聚力、激发教师的工作热情都有一定积极意义。

有了共同愿景，组织还必须具有实现共同愿景的共同信念，否则，共同愿景也没有存在的必要。如何让共同愿景成为全体教师的共同信念，主

---

① 〔美〕埃德加·沙因：《组织文化与领导力》，章凯、罗文豪、朱超威等译，中国人民大学出版社，2014，第312页。

② 〔美〕埃德加·沙因：《组织文化与领导力》，章凯、罗文豪、朱超威等译，中国人民大学出版社，2014，第319页。

③ 〔美〕彼得·圣吉：《第五项修炼》，郭进隆译，上海三联书店，1998，第237页。

要从两个方面来实现。一是明晰组织的战略意图。对地方高校组织来说，就是明晰学校在高等教育系统中的战略定位和发展目标，让全体教师拥有明确的奋斗目标。科学、合理的办学定位能引领地方高校沿着正确的轨道健康、快速发展，但在现实办学过程中，办学定位不清、定位不准确、定位好高骛远等问题经常困扰着地方高校发展，也直接影响学校的短期目标实现和长远战略发展。二是明确组织目标。这里的组织目标是指清晰的、具有可操作的具体目标，能够指导教师的日常工作。在正确、合理的战略目标的引领下，学校制定具体的目标与安排，在日常工作中，使教师将组织的目标内化为自己的个人目标。当前，目标管理作为一种先进的管理方法已经受到诸多地方高校关注，并已经成为地方高校科学管理的重要部分。

三　系统调适：国家政策的价值指引

价值观是人们对社会存在的反应，是人们用来评价行为、事物的准则和价值判断的依据。在高等教育系统中，国家关于地方高校教师流动正式制度的价值观对地方高校教师流动有一定的价值指引作用。改革开放以来，我国高校教师流动的正式制度整体上经历了三个阶段：第一阶段为政府主导时期（1978～1984年），以计划经济体制下高度集中的高校教师统分统配为主要特征；第二阶段为"政府主导+市场初涉"时期（1985～1998年），市场经济体制改革带动科技与教育体制改革，高校开始与市场对接，人才市场逐渐形成，部分高校教师"下海"；第三阶段为"政府引导+市场参与"时期（1999年至今），逐步由"计划的、被动的、单向的"政府调配人才资源向"合理的、主动的、双向的"市场配置人才方式转变。① 当前，我们正处在高校教师流动正式制度的第三阶段。较前两个阶段来说，这一阶段是实现由计划经济体制人事制度向市场经济体制人事制度质的转变。在我国，普通高等教育主要是由政府供给，公办高校依然是我国高等教育的主体，高校人才管理离不开政府的宏观调配，加之，市场的盲目性往往无法兼顾高等教育资源的配置公平，因此，现阶段的高校人才制度必须是政府与市场合力作用的结果，对于处于资源劣势的地方高校更是如此。具体可

① 江俐、李志峰：《高校教师流动政策：历史演变与当代转型——基于1978年以来的政策文本分析》，《重庆高教研究》2016年第5期。

以从法律制度、收入分配制度、社会保障制度三个方面来优化。

1. 健全地方高校教师流动的法律制度

从 2011 年《中共中央、国务院关于分类推进事业单位改革的指导意见》（中发〔2011〕5 号）（以下简称《意见》）及 9 个配套文件，到 2014 年《事业单位人事管理条例》（国务院令第 652 号）（以下简称《条例》），不难看出，我国事业单位人事制度逐步实现从社会化导向向公益性导向的转变，致力于建立一套适应公益目标的分类、分层的事业单位人事制度。《意见》指出，高等教育单位属于可部分由市场配置资源的公益二类事业单位。《条例》作为我国第一部事业单位人事管理法规，赋予聘用制、公开招聘制度、岗位设置制度、纪律处分制度等以"合法化"身份。《意见》和《条例》一定程度上为地方高校教师流动扫清了制度障碍，但在实际实施过程中，高等学校公共机构身份的属性使得这些政策目标难以彻底实现，制度内的价值冲突使得这些政策可操作性不强、效用低下。[①] 这种价值冲突一定程度上不利于合理、有序的地方高校教师流动制度的建立。

因此，政府在解决地方高校教师流动中出现问题方面的作用不容忽视，政府应切实转变职能，引导、规范地方高校教师流动。当务之急就是要加快立法进程，强化法律的引导作用。法治是现代国家的重要标志之一，昭示着社会发展的现代性，其内涵包括法律的量和质两个方面。目前，我国还没有一部专门的法律来规范地方高校教师流动，虽然我们可以依据《劳动合同法》《教育法》《高等教育法》以及相关部门规章制度来规范高校教师流动，但这些法律、法规大多是一些原则性规定，缺乏对相关法律条款的法律解释，对于高校教师流动中涉及的具体问题没有明确的法律依据，地方高校和教师很难适用这些法律法规来保障自己的合法权益。因此，加快我国高等教育法律法规建设，完善有中国特色的社会主义教育法制体系，是社会经济和高等教育发展的双重需求。在法律的执行过程当中，地方高校和教师都应该严格遵循相关法律条款的规定，充分保障地方高校和教师的合法权益，保障教师的合理有序流动。

2. 优化地方高校教师的收入分配制度

优化地方高校教师的收入分配制度可以从两方面着手。一是将人力资

---

① 丁晶晶：《从社会化向公益性的回归——对事业单位人事制度改革的重新评估》，《华东理工大学学报》（社会科学版）2015 年第 1 期。

本要素纳入收入分配要素，建立人力资本薪酬体系。自 2010 年起，我国地方高校纷纷实施绩效工资制度，旨在建立以岗位绩效为核心的工资制度，以充分调动教师的工作积极性。相对于 1993 年的工资分配体系，岗位绩效工资制度更有利于兼顾利益分配的公平与效率。但绩效工资制度是基于按劳分配理论的薪酬制度，它对教师积极性的调动、创造性的激发作用也十分有限，它没有充分考虑到地方高校教师人力资本的特性。因此，在收入分配时，应将人力资本要素纳入分配要素，可以以人力资源分配为纽带，建立人力资本薪酬体系。人力资本薪酬是基于个人知识技能的一种期望式的薪酬制度。不是以现有绩效为依据，而是以个人的人力资本存量即潜在的业绩创造能力为依据。人力资本是区别于普通劳动力的"资本"，它是在教育、培训的投资过程中形成的人力资本，随着人力资本的增加继续增值。人力资本分配理论是对地方高校教师的成果通过物质服务的提供予以支持，不是薪酬与业绩的简单对应。因此，应将"按劳分配"与"按'资'分配"结合起来，这里的"资"是指"人力资本"。应将成本观念引入劳动力价值中，在对地方高校教师收入进行确定时，大量的先期投入以及后期的持续追加都应该考虑在内，对教师收入的支出同时也是一种投入。异质性是人力资本所具备的特性，地方高校教师所拥有的人力资本以及发挥的人力资本价值决定了劳动的价值，这种价值很难以量为依据。人力资本作为一种特殊的生产要素，可以视作为其向地方高校组织投入的人力资本，这种投资是动态的，教师的劳动过程会使这种人力资本增值。此外，创造性是地方高校教师劳动的另一大特性，劳动时间无法准确反映劳动过程，也必须考虑人力资本因素。[①] 将人力资本要素纳入分配要素，建立人力资本薪酬制度，有利于调动人力资本存量较高的教师的工作积极性，同时对人力资本存量不高的教师具有一定的鞭策作用。

二是缩小地方高校教师收入的区域差距，缩小与中央部委属高校的收入差距。我国地方高校财政性教育投资存在不均衡性，导致地方高校教师收入存在区域性差异。地方政府是地方高校经费来源的主要渠道，地方高校由各地方政府财政拨款，而各地地方普通高等教育财政差异显著。

---

① 宋延军：《基于公平理论的高校教师薪酬制度设计研究》，博士学位论文，西南大学，2011。

2013 年，地方普通高等本科学校财政性经费总量最高的是山东省（159.6亿元），最低的是西藏（7.9 亿元）和青海（9.5 亿元），投入最高的山东是投入最低的西藏的 20.2 倍。从生均教育经费看，地方高校生均教育经费最高的是北京（50041.89 元），大约是贵州地方高校生均经费（15562.55 元）的 3.2 倍。[①] 地方高等教育财政资源的区域不均衡直接影响地方高等教育的发展，进而影响教育公平。因此，在地方财政支持的基础之上，国家财政拨款应适当向教育经费总量和生均经费较低的区域倾斜，缩小地方高校教师收入的区域差距。另外，中央部委属高校，不管是教育经费总量，还是生均教育经费，都远高于地方高校。这就要求我们在"双一流"大学建设过程中，也需要不断加大对地方高校的财政投入，从而缩小地方高校教师与中央部委属高校教师收入的差距。

3. 完善地方高校教师流动的社会保障制度

我国普通高校教师社会保障制度改革大体经历了计划经济时期（1949~1979 年）和市场经济时期（1979 年至今）。"国家负责，单位包办"是计划经济时期高校教师社保制度的主要特点，改革开放 40 多年以来，传统的国家到国有单位的保障制度的社会和经济基础发生了根本性变革。当前，我国普通高校教师以准公务员的身份享受学校的退休金制度，而失业、医疗、住房公积金等同广大企业职工一样参加社会统筹。现有的社会保障社会化程度较低、内容不系统，社保对象不全面，管理比较混乱，直接妨碍了人才的合理流动与人力资源的合理配置。目前，高校教师的社会保障主要采取国家或学校统包的形式，一旦教师发生流动，其社会保障难以延续，无形增加了教师流动的阻力。因此，普通高校教师的社会保障制度改革任重道远。

首先，应将高校教师的社会保障制度从事业单位的社会保障制度中剥离开来，纳入统一的社会保障制度。《条例》指出，事业单位及工作人员依法参加社会保险，工作人员依法享受社会保险待遇。这能够促使高校教师真正从"单位人"变为"社会人"，促进高校教师流动。社会保险制度是社会保障制度的主要内容，其中养老、医疗、失业是高校教师的基本保障，应建立真正意义上的社会化养老、医疗、失业保险的社会保障机制。国家、

[①]　根据《中国教育经费统计年鉴 2013》计算。

学校、个人分别承担相应医疗费用，逐步过渡到社会化医疗保障体系。应逐步实现社会统筹和个人账户相结合的养老保险制度，个人账户能在全国范围内自由流通，根据市场经济规律，逐步提高养老金收缴费，确保养老金与工资、物价同步增长。应完善失业保障制度，按照教师工资缴纳一定比例的保险金，为教师提供基本的生活保障，解除失业教师的后顾之忧。①

其次，建立职业年金制度，推动高校教师社保制度改革的顺利进行。高校教师是一个知识密集型、人力资本相对较高的群体。他们的人力资本投资的时间、经济等成本相对较高，理应具有高收益。作为一个特殊的群体，他们所享受的社会保障除了具备普通社会保障共性之外，还应有一定的特殊性，从而进一步提升高校教师的工作积极性，提高高校的核心竞争力。继《条例》之后，2015 年 1 月，国务院颁布《关于机关事业单位工作人员养老保险制度改革的决定》（国发〔2015〕2 号）（以下简称《决定》），《决定》指出，高校教师在参加基本养老保险的基础之上，应当为其建立职业年金，教师退休后，按月领取职业年金。② 高校教师与企业职工的养老待遇差别应该体现在养老保险的层次上，即建立职业年金制度，作为基础养老保险制度以外的补充性养老保险制度，将其作为高校教师薪酬体系的重要部分，以提升教师的工作积极性，从而顺利推进高校教师社会保障制度的改革。③

最后，立足校情，各地方高校制定具有各自特色的教师社会保障补充制度。社会保障的功能应由单纯保障向保障与激励相结合转变。目前，我国社会保险实行分级统筹、属地管理模式。各地方高校的社保制度允许存在地域差异，参保险种、参保时间、管理机构可以有所不同。在国家社会保障制度改革以外，可以设立不同形式的补充保险制度，将社会保障制度和激励制度有效结合起来。保障和激励的人群范围也可以实行分类管理。各地方高校可以根据自身校情制定符合自己需求的补充保障制度，充分发挥社会保障制度的保障和激励作用。

① 吴义敏：《我国地方高校教师流失及其治理研究》，硕士学位论文，湖南大学，2012，第36页。
② 《关于机关事业单位工作人员养老保险制度改革的决定》（国发〔2015〕2 号），2015 年 1 月 14 日。
③ 刘洁等：《关于高校教师社会保障体系构建的探析》，《人力资源管理》2016 年第 6 期。

结语　地方高校教师流动的价值追寻

——合理流动

"留"与"流"的价值冲突是客观存在的。横向上看，这种价值冲突独立存在于个体、组织、系统三个不同的主体。

对于个体来说，在有限的资源世界里，一种价值选择不可能同时满足价值主体的所有需求，价值选择总是基于一定的机会成本之上的，价值选择本身就意味着放弃部分既有价值。不管教师个体是选择"留"，还是选择"流"，总会存在一定程度的价值缺憾。

对于组织来说，"留"与"流"的价值冲突存在于不同的组织之间。一部分地方高校倾向于"留"的人事政策。他们认为，教师的频繁流动不仅不能为地方高校注入新鲜的血液，增强师资力量，反而造成大量地方高校优秀教师流失。另一部分地方高校倾向于"流"的人事政策。他们认为，地方高校教师的自由流动，使教师有了职业竞争和忧患意识，调整了教师队伍的结构，优化了教师的资源配置，推动了教师队伍由数量保障向质量提高的历史性转变，使高等教育均衡快速地发展。[①]"留"的教师流动政策在一定程度上、一定时期内可以遏制教师的无序流动，暂时"留"住教师。但随着我国机关事业单位人事制度改革的进一步推进，地方高校教师正在由计划经济体制的"单位人"向市场经济体制的"契约人"转变，"身份"的限制作用日渐减弱，这就使得"留"的人事政策推进起来日益困难。强行推进不仅留不住人才，相反，会进一步激化有流动意愿的教师与地方高校组织之间的矛盾，也不利于优秀人才的引进。"流"的教师流动政策可以提高教师的人力资本效用，也在一定程度上促进了高等教育资源的合理配置，但教师个体的理性选择会对地方高校组织绩效造成一定的负面影响，

---

① 于永华：《聘任制背景下高校教师流动问题的理性思考》，《辽宁教育研究》2007年第11期。

教师的自由流动势必导致"弱势高校"的优秀教师资源不断地涌入"强势高校",进一步拉大了不同层次高校教师资源质量的差距,"强者恒强,弱者恒弱"的教师资源配置格局不利于高校多样化人才培养,也不利于高等教育质量的提高。

对于高等教育系统来说,"留"与"流"的价值冲突主要表现在"公平"与"效率"的相互关系上。从教育公平的视角看,地方高校在教育资源分配上与部委属高校已经存在很大差距,中西部、东北地区高校与东部高校的资源配置也存在一定差距。教师的自由流动会加深有限的高等教育资源在不同层次、不同区域高校间分布的"非均衡"程度,应该在一定程度上稳定地方高校教师队伍,在教师资源分配上适当向地方高校、中西部、东北地区倾斜,缩小不同层次、不同区域高校之间的资源配置差距,从而提高高等教育的整体质量。从教育资源的利用效率看,教师自由流动能够使高等教育系统保持活力,避免老化,优化师资结构,避免同质化,最大限度地激发教师的教学热情和科研创造力,提高教师的人力资本利用效率。[①] 教师的自由流动也是高等教育资源一种有效配置的方式,将有限的优势资源集中起来,重点建设"双一流"大学,同时加大对地方高校的资源投入,促进高等教育的均衡发展,提高整体高等教育质量。

纵向上看,"留"与"流"的价值冲突客观地存在于个体、组织、系统之间。个体的"流"与组织的"留"经常同时出现,两者之间的矛盾也很难调和。少数个体的价值选择或许对高等教育系统产生的影响微乎其微,几乎可以忽略不计,但个体的集合达到一定量后,会对高等教育系统产生一定的影响,也会形成价值冲突。组织与系统之间存在价值冲突,系统总是尝试在"公平"与"效率"之间找到一个平衡点,使系统的资源配置达到帕累托最优,但不同组织的不同需求决定了组织与系统之间的价值冲突不可避免。

"留"与"流"的关系并不是非"留"即"流"。它们之间的价值冲突可以在一定程度上得到缓解,即在"留"与"流"之间找到一个最佳平衡点,允许地方高校教师合理流动。2017 年 1 月 25 日,教育部办公厅发布《关于坚持正确导向促进高校高层次人才合理有序流动的通知》(教人厅

---

① 沈堰奇:《高校教师流动功能透析及对策思考》,《青海社会科学》2008 年第 2 期。

〔2017〕1号），指出高校高层次人才流动要服从服务于立德树人的根本任务和高等教育改革发展稳定的大局，服从服务于西部大开发、东北老工业基地振兴和"一带一路"等国家重大发展规划。就个体而言，力争做到"人尽其才，才尽其用，适得其所"，提高教师个体的人力资本利用效率，允许学术性、自我价值实现的流动，以教师的职业信念与职业道德对物质性、功利性流动进行价值指引。引导高层次人才坚持以德立身、以德立学、以德施教，自觉加强师德师风建设，倡导并践行静心育人、淡泊名利、重诺守信的良好风尚。就地方高校组织而言，一方面，对教师的合理、良性流动表示理解，并允许其合理流动。结合学校的学科特点，对师资结构进行优化，对于组织内部由师资结构比例失调造成的人才积压、资源闲置等现象，要引导其流向人才紧缺的高校。鼓励地方高校建立协商沟通机制，探索建立人才成果合理共享机制和人才流动对前期培养投入的补偿机制。另一方面，组织要加强自身建设，为教师创造良好的教学和科研环境，提升教师的工作积极性，最大限度地挖掘教师的潜能。同时，对工作能力与岗位要求不相匹配的教师要合理安排，并建立不合格教师的退出机制，为外部优秀人才的引进提供更多的机会。就高等教育系统而言，我国已经实现了高等教育的大众化发展，并逐步迈向高等教育后大众化时代。[1] 在此背景下，国家相继做出"向应用型大学转型"和建设"双一流"大学的战略部署，引导一批普通高校，尤其是地方高校向应用型大学转型，培养社会和经济发展所急需的应用型人才。支持一批高水平大学和学科进入世界前列，培养国际化的高端人才。这两种战略部署是并行不悖、相辅相成的，共同培养我国经济和社会发展所需要的多样化人才。因此，要求我们做到"公平"与"效率"兼顾。一方面，要效率优先，将有限的优势资源集中起来，重点建设一批高质量、高水平大学，显著提升我国高等教育水平，另一方面，加大对普通高等学校的投入，在资源分配上适当向中西部、东北地区高校倾斜，降低我国高等教育的"非均衡"程度，实现高层次的公平。同时，要加强中央部委属高校与地方高校的交流，形成对口帮扶机制，真正实现教师的"双向"流动。

---

① 于杨：《后大众化阶段高等教育质量保障的特点及发展趋势》，《高等教育研究》2016年第3期。

参考文献

一 专著

[1] 段维龙：《企业文化与人本管理》，北京大学出版社，2013。

[2] 费孝通：《乡土中国》，人民出版社，2008。

[3] 冯子标：《人力资本运营论》，经济科学出版社，2000。

[4] 国家中长期教育改革和发展规划纲要领导小组办公室：《国家中长期教育改革和发展规划纲要（2010-2020 年）》，人民出版社，2010。

[5] 黄光国、胡先缙等：《人情与面子——中国人的权力游戏》，中国人民大学出版社，2010。

[6] 黄胜：《民族地区学校教育价值定位的反思与建构——以瑶山白裤瑶的学校教育价值取向变迁为例》，西南财经大学出版社，2015。

[7] 教育部财务司等：《中国教育经费统计年鉴（2000-2014）》，中国统计出版社。

[8] 李宝元：《人力资本论》，北京师范大学出版社，2009。

[9] 李成彦：《组织文化——基于组织效能的视角》，北京大学出版社，2013。

[10] 李德顺主编《价值学大辞典》，中国人民大学出版社，1995。

[11] 李连科：《价值哲学引论》，商务印书馆，2001。

[12] 彭璇、李海青编著《人际关系心理学》，清华大学出版社，2013。

[13] 苏红章：《利益论》，辽宁大学出版社，1991。

[14] 苏雪梅：《组织文化与员工认同》，中国社会科学出版社，2012。

[15] 王慧英：《我国高校教师流动政策研究：基于制度经济学的研究视角》，东北大学出版社，2014。

[16] 王润生：《西方功利主义伦理学》，中国社会科学出版社，1986。

[17] 王玉樑:《价值哲学新探》,陕西人民教育出版社,1993。

[18] 吴民祥:《流动与求索——中国近代大学教师流动研究:1898~1949》,浙江教育出版社,2006。

[19] 阎光才:《识读大学——组织文化的视角》,教育科学出版社,2002。

[20] 杨国枢:《中国人的心理与行为:本土化研究》,中国人民大学出版社,2004。

[21] 杨威:《人情世界的运行与小团体的运作:理论阐释及经验研究》,黑龙江大学出版社,2012。

[22] 杨中芳:《中国人真的是"集体主义"的吗?——试论中国文化的价值体系》,载杨国枢主编《中国人的价值观——社会科学的观点》,(台北)桂冠图书股份有限公司,1994。

[23] 叶芃:《地方高校定位导论》,湖北人民出版社,2007。

[24] 袁贵仁:《价值观的理论与实践——价值观若干问题的思考》,北京师范大学出版社,2013。

[25] (明)张居正:《张居正讲解(论语)》,邓彤编辑,中国华侨出版社,2009。

[26] 《马克思恩格斯全集》第2卷,人民出版社,1965。

[27] 中国教育年鉴编辑部:《中国教育年鉴(1949-1981)》,中国大百科全书出版社,1984。

[28] 中国教育年鉴编辑部:《中国教育年鉴(1982-1984)》,湖南教育出版社,1986。

[29] 中国教育年鉴编辑部:《中国教育年鉴(1985-1986)》,湖南教育出版社,1988。

[30] 中国教育年鉴编辑部:《中国教育年鉴(1987-2015)》,人民出版社。

[31] 中华人民共和国教育部发展规划司:《中国教育统计年鉴(1991-2014)》,人民教育出版社。

[32] 中华人民共和国教育部人事司等:《中国高等学校教师队伍建设研究报告》,北京高等教育出版社,1999。

二 译著

[1] 〔美〕埃德加·沙因:《沙因组织心理学》,马红宇、王斌译,中国人

民大学出版社，2009。

[2]〔美〕埃德加·沙因：《组织文化与领导力》，马红宇、王斌等译，中国人民大学出版社，2011。

[3]〔美〕爱德华·希尔斯：《学术的秩序》，李家永译，商务印书馆，2007。

[4]〔西班牙〕奥尔特加·加塞特：《大学的使命》，徐小州、陈军译，浙江教育出版社，2001。

[5]〔美〕彼得·圣吉：《第五项修炼》，郭进隆译，上海三联书店，1998。

[6]〔美〕伯顿·克拉克：《高等教育系统》，王承绪等译，浙江教育出版社，1994。

[7]〔美〕戴维·格伦斯基编《社会分层》，王俊等译，华夏出版社，2005。

[8]〔美〕道格拉斯·麦格雷戈：《企业的人性面》，韩卉译，中国人民大学出版社，2008。

[9]〔美〕德里克·博克：《走出象牙塔：现代大学的社会责任》，徐小州、陈军译，浙江教育出版社，2001。

[10]〔美〕哈罗德·R.克博：《社会分层与不平等》，蒋超等译，上海人民出版社，2012。

[11]〔英〕杰里米·边沁：《论道德与立法的原则》，程立显、宇文利译，陕西人民出版社，2009。

[12]〔德〕马克思：《1844 年经济学哲学手稿》，刘丕坤译，人民出版社，2003。

[13]〔美〕马斯洛：《马斯洛谈自我超越》，石磊编译，天津社会科学院出版社，2014。

[14]钱逊编著《论语初级读本》，郭沂、温少霞译，商务印书馆，2007。

[15]〔美〕塔尔科特·帕森斯：《社会行动的结构》，张明德、夏遇南、彭刚译，译林出版社，2012。

[16]〔美〕W.理查德·斯科特、杰拉尔德·F.戴维斯：《组织理论——理性、自然与开放系统的视角》，高俊山译，中国人民大学出版社，2011。

[17]〔美〕威廉·大内：《Z 理论——美国企业届如何迎接日本的挑战》，朱雁斌译，机械工业出版社，2013。

[18]〔德〕韦伯：《社会科学方法论》，杨富斌译，华夏出版社，1999。

[19]〔美〕西奥多·W.舒尔茨：《论人力资本投资》，吴珠华等译，北京

经济学院出版社，1990。

[20]〔英〕亚当·斯密：《国民财富的性质和原因的研究》上卷，郭大力、王亚兰译，商务印书馆，2009。

[21]〔美〕约翰·布鲁贝克：《高等教育哲学》，王承绪等译，浙江教育出版社，1998。

[22]〔英〕约翰·斯图亚特·穆勒：《功利主义》，叶建新译，江西教育出版社，2014。

[23]〔美〕约翰·杜威：《确定性的寻求》，傅统先译，上海人民出版社，2005。

三 报刊论文

[1] 白莉、韩影、张纯明：《地方高校办学定位与发展对策》，《现代教育管理》2010年第10期。

[2] 包蕾萍、徐安琪：《当代城市女性家庭压力研究》，《妇女研究论丛》2007年第3期。

[3] 崔浩：《功利主义价值取向的公共政策及其实践反思》，《浙江社会科学》2009年第4期。

[4] 戴建波：《人性假设理论视阈下地方高校教师流动的影响因素及管理对策》，《大学教育科学》2016年第3期。

[5] 丁晶晶：《从社会化向公益性的回归——对事业单位人事制度改革的重新评估》，《华东理工大学学报》（社会科学版）2015年第1期。

[6] 董海樱、方建中：《高校教师组织认同探微——基于浙江省高校的实证调查》，《教育发展研究》2012年第1期。

[7] 方瑜、欧阳志云、郑华、肖燚、牛俊峰、陈圣宾、逯非：《中国人口分布的自然成因》，《应用生态学报》2012年第12期。

[8] 方修琦、牟神州：《中国古代人与自然环境关系思想透视》，《人文地理》2005年第4期。

[9] 冯向东：《教育科学的理论与实践逻辑——关于布迪厄"实践逻辑"的方法论意蕴》，《高等教育研究》2012年第2期。

[10] 高臣、叶波：《教师专业发展取向下的城乡教师流动》，《上海教育科研》2015年第2期。

[11] 广少奎、王学：《地方高校教师流失的原因分析及对策思考》，《当代教育论坛》2005 年第 1 期。

[12] 郭卉：《大学治理中教师与行政人员的关系：基于社会资本的研究》，《现代大学教育》2005 年第 3 期。

[13] 韩雪松、江云、袁冰：《组织认同研究述评及展望》，《商业研究》2007 年第 3 期。

[14] 韩雪松：《从冲突到协调：知识型员工的组织认同培育模型》，《财经科学》2006 年第 12 期。

[15] 黄燕、胡劲邦、陈旭剑：《经济人假设：发展线索及科学性分析》，《江汉论坛》2005 年第 12 期。

[16] 江俐、李志峰：《高校教师流动政策：历史演变与当代转型——基于 1978 年以来的政策文本分析》，《重庆高教研究》2016 年第 5 期。

[17] 蒋国河：《改革开放以来的中国高校教师流动》，《河北师范大学学报》（教育科学版）2010 年第 2 期。

[18] 蒋国河：《中国高校教师流动三十年》，《江西财经大学学报》2009 年第 6 期。

[19] 靳玉军：《教师职业道德提升的实践机制》，《高等教育研究》2014 年第 9 期。

[20] 康翠萍：《学术自由视野下的大学发展》，《教育研究》2007 年第 9 期。

[21] 李永鑫、李晓玉、张娜、申继亮：《组织竞争与教师组织认同的关系机制》，《心理发展与教育》2010 年第 1 期。

[22] 刘祯、陈春花：《个人与组织契合的内涵及研究展望》，《管理学报》2011 年第 2 期。

[23] 刘华军、张权：《中国高等教育资源空间非均衡研究》，《中国人口科学》2013 年第 3 期。

[24] 刘洁、高晶、徐晓娟、张琦：《关于高校教师社会保障体系构建的探析》，《人力资源管理》2016 年第 6 期。

[25] 刘进、沈红：《中国研究型大学教师流动：频率、路径与类型》，《复旦教育论坛》2014 年第 1 期。

[26] 刘平：《中小学教师流动的文化解读》，《中国教师》2005 年第 11 期。

[27] 刘尧、闫志刚：《透视高校教师薪酬状况》，《教育与职业》2013 年第 4 期。

[28] 马斯洛：《人的动机理论》下，陈炳权、高文浩译，《经济管理》1981 年第 12 期。

[29] 麦可思研究院：《教师生存状况调查》，《麦可思研究》2014 年第 9 期。

[30] 冒荣、赵群：《学术自由的内涵与边界》，《高等教育研究》2007 年第 7 期。

[31] 潘懋元：《公平与效率：高等教育决策的依据》，《北京大学教育评论》2003 年第 1 期。

[32] 茹宁：《从学术自由与大学自治的关系看我国大学"去行政化"改革》，《高教探索》2011 年第 2 期。

[33] 沈堰奇：《高校教师流动功能透析及对策思考》，《青海社会科学》2008 年第 2 期。

[34] 石邦宏、戴霞：《经济理性驱动下的中小学教师流动》，《中国教师》2005 年第 11 期。

[35] 汪潇、杨东涛：《个人与组织价值观一致性研究述评与展望》，《学术界》2014 年第 7 期。

[36] 王端旭、洪雁：《组织氛围影响员工创造力的中介机制研究》，《浙江大学学报》（人文社会科学版）2011 年第 3 期。

[37] 王卫东：《教师职业信念问题初探》，《华东师范大学学报》（教育科学版）2000 年第 4 期。

[38] 吴向东：《论价值观的形成与选择》，《哲学研究》2008 年第 5 期。

[39] 肖正德：《基于教师发展的教师信念：意蕴阐释与实践建构》，《教育研究》2013 年第 6 期。

[40] 徐建华、吴琼：《高校教师流动调查》，《教育与职业》2010 年第 34 期。

[41] 徐同文、房保俊：《应用型：地方高校人才培养的必然选择》，《高等教育研究》2012 年第 6 期。

[42] 薛颖慧、薛澜：《试析我国高等教育的空间分布特点》，《高等教育研究》2002 年第 4 期。

［43］〔德〕雅斯贝尔斯:《大学的观念》,《新华文摘》2001 年第 1 期。

［44］杨志:《公平与效率:省级层面教师流动政策主导价值取向》,《现代教育管理》2014 年第 11 期。

［45］于杨:《后大众化阶段高等教育质量保障的特点及发展趋势》,《高等教育研究》2016 年第 3 期。

［46］于永华:《聘任制背景下高校教师流动问题的理性思考》,《辽宁教育研究》2007 年第 11 期。

［47］翟学伟:《中国人际关系的特质——本土的概念及其模式》,《社会学研究》1993 年第 4 期。

［48］张立新、魏青云:《新建本科院校教师流动的实证研究》,《现代教育科学》2011 年第 6 期。

［49］张应强、高桂娟:《论现代大学制度建设的文化取向》,《高等教育研究》2002 年第 6 期。

［50］赵宏斌、刘念才、梁妮、苗招娣:《我国高校的区域分布研究:基于人口、GDP 的视角》,《高等教育研究》2007 年第 1 期。

［51］钟贞山:《人性假设的理论发展与时代价值》,《云南社会科学》2011 年第 6 期。

四 学位论文

［1］郭晓川:《文化认同视域下的跨文化交际研究——以美国、欧洲(欧盟)为例》,博士学位论文,上海外国语大学,2012。

［2］刘进:《中国研究型大学教师流动研究——兼论大学教师流动与学术职业发展的关系》,博士学位论文,华中科技大学,2012。

［3］宋延军:《基于公平理论的高校教师薪酬制度设计研究》,博士学位论文,西南大学,2011。

［4］唐博:《我国高校教师流动机制研究》,硕士学位论文,长沙理工大学,2011。

［5］唐慧芳:《我国高校教师流动问题研究》,硕士学位论文,湖南大学,2009。

［6］王焕轶:《我国高校教师自由流动问题研究》,硕士学位论文,浙江师范大学,2004。

［7］王焱麒:《物本·资本·人本——人类社会发展的三种基本逻辑》,硕

士学位论文，黑龙江大学，2011。

［8］吴义敏：《我国地方高校教师流失及其治理研究》，硕士学位论文，湖南大学，2012。

［9］张海波：《我国公办普通高等学校教师流动问题研究》，硕士学位论文，天津大学，2005。

［10］郑哲：《我国地方高校教师人才流失的现状及对策研究》，硕士学位论文，山东师范大学，2008。

［11］朱德友：《高校教师激励机制研究》，博士学位论文，武汉大学，2010。

［12］邹琨：《高校师资合理有序流动的机制研究》，硕士学位论文，扬州大学，2005。

［13］易小明：《中西部高校人才流失呈愈演愈烈之势》，《三晋都市报》2014 年 12 月 27 日。

五 外文文献

［1］Ashforth B. E., Male F., "Soxial Identity Theory and the Organization," *Acdemic of Management and Review* (1989).

［2］Harald Bauder, "The International Mobility of Academics: A Labour Market Perspective," *International Migration* (2012).

［3］Neal D.,"The Complexity of Job Mobility among Young Men," *Journal of Labor Economics* 2 (1999).

附　录

调查问卷：地方高校教师流动调查

尊敬的老师：

您好！感谢您对本研究的支持与合作！本问卷主要是为了解地方高校教师流动的基本状况。每份问卷都采用匿名的方式，对于问卷的结果，我们承诺只从整体进行统计分析，并只用做学术研究用途。

本调查所指的教师流动包括四种类型：①在不同学校之间的岗位变化；②在学校和科研院所之间的岗位变化；③从学校向其他行业的岗位变化；④从其他行业向学校的岗位变化。但不包括：同一学校内岗位和职称、职务的变化。

请您认真回答每一个问题，再一次表示感谢！

华中科技大学教育科学研究院

请您客观真实填写您的基本情况，请在下列相关内容的选项上打"√"。

一　基本信息

1. 您的性别：

（1）男　　　　　　（2）女

2. 您的年龄：

（1）35 岁及以下　（2）36~45 岁　　（3）46~55 岁　　（4）56 岁及以上

3. 您的政治面貌：

（1）中共党员　　（2）其他民主党派　　（3）无党派人士（民主人士）

（4）群众

4. 您的职称：

（1）未定职称　（2）初级　（3）中级　（4）副高　（5）正高

5. 您的最后学历：

（1）本科及以下　　（2）硕士　　（3）博士

6. 您所从事的学科门类：

（1）哲学　　（2）经济学　　（3）法学　（4）教育学　（5）文学

（6）历史学　（7）理学　　（8）工学　（9）农学　　（10）医学

（11）军事学（12）管理学　（13）艺术学

7. 您在高校工作的工龄是：

（1）5年及以下　（2）6~10年　（3）11~15年　（4）16~20年

（5）20年以上

8. 您的工作角色是：

（1）专任教师（2）行政人员　（3）教学兼行政　（4）教辅人员

（5）工勤人员

9. 您是否在单位担任领导、行政职务：

（1）是　　（2）否

10. 你所在学校类别：

（1）部（委）直属院校　（2）省属一般本科院校　（3）独立学院

（4）高职高专院校

11. 您所在学校地理位置：

（1）直辖市　（2）省会城市　（3）经济发达地级市

（4）其他地级市

12. 您的婚姻状况：

（1）已婚　（2）未婚

13. 您配偶所在单位属于（未婚请跳过此题）：

（1）机关事业单位　（2）国有企业　（3）民营企业

（4）三资企业　　（5）其他

14. 您与配偶是否在同一城市工作（未婚请跳过此题）：

（1）是　（2）否

15. 您配偶的最后学历（未婚请跳过此题）：

（1）本科及以下　（2）硕士　（3）博士

16. 您的教育经历：

	单位类型			
	1. 海外高校	2. 985 高校	3. 211 高校	4. 其他高校
本科及以下				
硕士				
博士				

17. 近 5 年以来，您的学术成果（请填写具体数目）：

第一作者独著的专著数	
第一作者主编的教材数	
第一作者在国际学术期刊或会议上发表的论文数	
第一作者在国内学术期刊或会议上发表的论文数	
承担的各级研究项目数	

18. 近 5 年以来，您参加的各类培训、进修次数是（请填写具体数目）：

————

二　流动情况

19. 您参加工作以来，是否更换过工作：

（1）是　　（2）否

20. 您参加工作以来，更换过几次工作：

（1）没有更换　　（2）更换一次　　（3）更换两次　　（4）更换三次

（5）三次以上

21. 您参加工作以来，更换工作的情况是（如有多次更换，请以最近一次的情况作答）：

（1）中学、中专到本单位　　　　（2）其他高校到本单位

（3）政府、企事业单位到本单位　　（4）其他调转　　　（5）没有更换

22. 您更换工作过程中，各项满意度变化情况是：

如未更换工作，请在 更换后（当前情况） 一栏作答

如有多次更换，请以 最近一次 的情况作答

"1"非常不满意，"2"不太满意，"3"一般，"4"较为满意，"5"非

常满意

更换前						更换后（当前情况）				
□1	□2	□3	□4	□5	工作量满意度	□1	□2	□3	□4	□5
□1	□2	□3	□4	□5	工资满意度	□1	□2	□3	□4	□5
□1	□2	□3	□4	□5	各项福利和保险满意度	□1	□2	□3	□4	□5
□1	□2	□3	□4	□5	住房满意度	□1	□2	□3	□4	□5
□1	□2	□3	□4	□5	人际关系满意度	□1	□2	□3	□4	□5
□1	□2	□3	□4	□5	个人成长机会满意度	□1	□2	□3	□4	□5
□1	□2	□3	□4	□5	自我价值实现满意度	□1	□2	□3	□4	□5
□1	□2	□3	□4	□5	教学与科研条件满意度	□1	□2	□3	□4	□5
□1	□2	□3	□4	□5	学校管理制度满意度	□1	□2	□3	□4	□5
□1	□2	□3	□4	□5	总体满意度	□1	□2	□3	□4	□5

三 流动的影响因素

23. 您到本单位工作的原因是（可多选）：

（1）工作性质　　（2）职称　　　　（3）工资
（4）机构规模　　（5）学校声誉　　（6）学院声誉
（7）研究设施　　（8）从事研究的机会　（9）获得科研课题的机会
（10）获得工资以外其他收入的机会　　（11）住房因素
（12）地理位置　　（13）气候环境　　（14）城市特点
（15）家庭因素　　（16）人员、朋友、同事

24. 以下个人因素对您（可能）更换工作（择业）的影响是：

	"1" 影响很大	"2" 影响较大	"3" 一般	"4" 影响较小	"5" 没有影响
个人总收入	□1	□2	□3	□4	□5
潜在收入	□1	□2	□3	□4	□5
保险和福利	□1	□2	□3	□4	□5
住房	□1	□2	□3	□4	□5
个人成长机会	□1	□2	□3	□4	□5
自我价值实现	□1	□2	□3	□4	□5

续表

	"1"影响很大	"2"影响较大	"3"一般	"4"影响较小	"5"没有影响
工作量及工作压力	□1	□2	□3	□4	□5
配偶的工作地点	□1	□2	□3	□4	□5
配偶的发展机会	□1	□2	□3	□4	□5
配偶的收入	□1	□2	□3	□4	□5
与亲戚朋友的距离	□1	□2	□3	□4	□5
子女教育机会与环境	□1	□2	□3	□4	□5
赡养老人	□1	□2	□3	□4	□5

25. 以下学校因素对您（可能）更换工作（择业）的影响是：

	"1"影响很大	"2"影响较大	"3"一般	"4"影响较小	"5"没有影响
学校和院系的声望	□1	□2	□3	□4	□5
学术自由氛围	□1	□2	□3	□4	□5
工作条件和环境	□1	□2	□3	□4	□5
总的研究经费	□1	□2	□3	□4	□5
研究设备与图书馆设施	□1	□2	□3	□4	□5
教师的地位及话语权	□1	□2	□3	□4	□5
与团队、同事的协作关系	□1	□2	□3	□4	□5
教师的培训与发展机会	□1	□2	□3	□4	□5
学校教育理念与文化	□1	□2	□3	□4	□5
学校管理水平	□1	□2	□3	□4	□5
学校管理制度与政策	□1	□2	□3	□4	□5
学校的改革与创新能力	□1	□2	□3	□4	□5
学校办学定位、目标	□1	□2	□3	□4	□5

26. 以下社会因素对您（可能）更换工作（择业）的影响是：

	"1"影响很大	"2"影响较大	"3"一般	"4"影响较小	"5"没有影响
同事关系	□1	□2	□3	□4	□5
社会人际关系	□1	□2	□3	□4	□5
学校所在地社会风气	□1	□2	□3	□4	□5
学校所在地气候环境	□1	□2	□3	□4	□5
学校所在地地理位置	□1	□2	□3	□4	□5
学校所在地是否大都市、省会	□1	□2	□3	□4	□5
学校所在地的经济发展水平	□1	□2	□3	□4	□5
学校所在地公共设施	□1	□2	□3	□4	□5

四　流动的价值取向

27. 如果您现在得到了更好的发展机会，但是单位不允许您流动，您会怎么做？

（1）不离开，继续留在本单位工作

（2）暂不离开，和单位协商，争取降低相关赔偿条件

（3）向单位提出新的条件，如果单位同意，则不离开

（4）坚持离开，宁愿付出相关赔偿代价

28. 在流动过程中，如果二者不能兼顾，您主要考虑的是：

□（1）个人利益	□（2）学校利益
□（1）个人发展	□（2）学校发展
□（1）物质利益	□（2）自我发展
□（1）现实利益	□（2）长远利益

29. 如果有机会流动，您希望流动到（可多选）：

（1）直辖市　　　（2）省会城市　　　（3）经济发达地级市

（4）其他地级市

30. 如果有机会流动，您希望流动到（可多选）：

（1）部（委）直属院校　　（2）省属一般本科院校　　（3）独立学院

（4）高职高专院校

31. 如果有机会流动，您希望流动到（可多选）：

（1）其他高校　　　　（2）政府机关事业单位　　　（3）国有企业

（4）民营企业　　　（5）三资企业　　　　　　　（6）其他

访谈提纲

教师访谈提纲

1. 来本单位的原因

2. 本单位是否达到您的择业预期？

3. 是否有流动意向？

4. 流动方向？

5. 流动原因？

6. 流动困难吗？

7. 流动有什么顾虑？

8. 对学校师资管理制度的建议

管理部门访谈提纲

1. 近年来教师流动的比例是否有所提升？

2. 近几年流走的总人数大约多少（不含退休等正常情况）？

3. 流向哪里？

4. 列举教师流动的原因（由高到低）

5. 近几年引进速度是否在放缓？

6. 每年引进的人数大约多少？

7. 他们主要来自哪里（由高到低：其他大学/科研机构/企业/海外大学/本校留校）？

8. 人才引进政策、途径？

9. 对教师流动的态度？

10. 教师流动政策（包括教师退出机制）、措施？

11. 是否认同组织文化对教师流动影响的作用？如何影响？

致　谢

——学术的价值取向

在敲完博士学位论文最后一个句号后，还需要加上一个感叹号——致谢。本书是关于地方高校教师流动的价值取向研究，我想以价值取向为关键词来表达在六年的博士生涯中给予我帮助和支持的人们的诚挚谢意！兼论我的学术价值取向。

功利取向。我不得不承认我攻读博士学位的功利取向，但那也只限于进入华科教科院之前，曾经以人力资本投资的视角幻想着一纸文凭可以给我带来多大的收益，后来发现物质与学术的错位是个天大的错误，以至于我在学术门槛前徘徊许久仍然无法进入。我天生愚钝，在柯佑祥教授的悉心指导下，我才慢慢推开学术之门。在接下来的几年时间里，我不得不为自己的错误埋单。每周往返于武汉三镇，甚至武汉、孝感两地，工作之余，过家而不入，终日以书为友，因占用图书馆资源过多被列入华科图书借阅前十的"黑名单"，我"笨鸟后飞"，且羽翼花白。

文化取向。第一次走进华科教科院，那种逻辑缜密的组织文化氛围倒没有出乎我的意料，也符合我对这所以工科著称的"南方小清华"的价值预期。自从实现了从华科到"我科"的身份转变，我深感荣幸的同时也倍感压力。好在我遇上了柯老师和教科院的诸多知名学者，在他们的帮助和指导下，我才能顺利完成学业论文。人文氛围是教科院的重要特色，老师们的每一次授课都会让我感觉到是一次文化洗礼，喻园讲坛的每一次开讲都如醍醐灌顶，让我茅塞顿开。

人际关系取向。学缘关系的建立是我最大收获之一。有幸进入柯门是我人生的莫大荣幸，柯老师每次不厌其烦地为我讲解、指导，让我从一个"门外汉"慢慢走进学术之门，冬天般的学术要求和春天般的人格魅力，使他既是我的学术导师，也是我的人生导师。在学期间，有幸聆听刘献君教授、冯向东教授、张应强教授、沈红教授、陈廷柱教授、余东升教授、赵炬明教授、陈敏教授、郭卉副教授等的授课；论文开题时，得到李太平教授、贾永堂教授、陈建文教授、曾伟副主编等的指导，在此一并感谢！同学关系是我的另一笔精神财富。感谢柯门的兄弟姐妹：张紫薇、唐静、徐赟、李营、段梦涵、谢冬平、刘羽哲、王亮、刘畅、王瑛、文华伟、任菲、程平、杨会燕、洪玉管、刘永亮等！感谢博士班的全体同学，有你们我才不会感到孤寂！问卷收集期间，感谢程茹博士、张振林博士、汪萍老师、王亮博士、焦玉博博士等的大力支持！访谈期间，感谢彭华博士、许艳萍博士、张凯兵博士、刘华波博士、梅勇博士、张继龙博士等的配合！论文修改过程中，感谢严旭博士、周剑锋博士、张良博士、贺海波博士、方华梁博士提出的诸多建设性的建议！感谢湖北工程学院、武汉商学院的领导和同事们对我的帮助和理解，在工作安排上予以适当照顾！感谢湖北省社会科学基金对书籍出版的资助！感谢社会科学文献出版社的曹义恒、岳梦夏编辑！他们为本书的出版倾注了辛勤的劳动与大量的心血！最后要感谢的是背后支持我的家人！

于华科图书馆三楼阅览室

2020 年 3 月

图书在版编目（CIP）数据

地方高校教师流动问题研究：价值之维／戴建波著
. --北京：社会科学文献出版社，2021.2（2024.1重印）
ISBN 978-7-5201-7873-0

Ⅰ.①地… Ⅱ.①戴… Ⅲ.①地方高校-教师-人才
流动-研究-中国 Ⅳ.①G645.1

中国版本图书馆 CIP 数据核字（2021）第 026385 号

地方高校教师流动问题研究
——价值之维

著　　者／戴建波

出 版 人／冀祥德
责任编辑／岳梦夏

出　　版／社会科学文献出版社·政法传媒分社（010）59367126
　　　　　地址：北京市北三环中路甲 29 号院华龙大厦　邮编：100029
　　　　　网址：www.ssap.com.cn
发　　行／社会科学文献出版社（010）59367028
印　　装／唐山玺诚印务有限公司

规　　格／开本：787mm×1092mm　1/16
　　　　　印张：12　字数：194 千字
版　　次／2021 年 2 月第 1 版　2024 年 1 月第 2 次印刷
书　　号／ISBN 978-7-5201-7873-0
定　　价／79.00 元

读者服务电话：4008918866